巻頭カラー図版一

104-18

104-17

104-36

104-7

131-8

131-7

10-1

147-1

147-18

143-4

飛鳥宮跡出土木簡

奈良県立橿原考古学研究所 編

吉川弘文館

本書は，『奈良県文化財調査報告書第182集　飛鳥宮跡出土木簡』(2019年3月) を，新たに『飛鳥宮跡出土木簡』として刊行するものである．

序　文

奈良県立橿原考古学研究所は平成三十年九月に創立八〇周年を迎えました。この間、飛鳥宮跡は研究所の調査・研究の大きな柱の一つでありました。「飛鳥京跡」として昭和三十五年から実施した発掘調査は、現在では第一八〇次を超えています。その中で出土したものが本報告書の木簡です。

私自身も昭和四十八年から飛鳥京跡の発掘に携わり、第五一次調査では、本書に収録されているように古代史研究上重要な意義を持つ木簡を発掘しました。調査期限が迫る中、岸俊男先生にご指導を受けながら木簡の発掘・整理・解読をおこないました。今から四〇年以上前のことになりますが、深く印象に残っています。

その後も飛鳥京跡の発掘調査は積み重ねられ、第一〇四次、第一三一次調査などでたくさんの重要な木簡がみつかっています。今では飛鳥時代の研究は『日本書紀』だけでなく生の史料である木簡も必要不可欠なものとなっています。これらの木簡の出土によって宮殿遺構の年代が決定し、上層のⅢ期遺構が斉明天皇の後飛鳥岡本宮、天武・持統天皇の飛鳥浄御原宮に該当することも明らかになりました。現在では遺跡名も「飛鳥京跡」から「飛鳥宮跡」に変更されています。さらに、今世紀に入ってから飛鳥京跡苑池の調査でも多数の木簡が出土し、七世紀後半から八世紀初頭の苑池周辺での活動状況が具体的に解明できるようになりました。

本報告書により、長年の懸案であった飛鳥宮跡出土木簡の正式な報告書を刊行することが叶い、ひとまず安堵の思いでいます。今後の古代史研究、考古学研究の史料・資料として本報告書が十分に活用されることを切に願います。最後になりますが、調査にご協力いただきました関係者の皆様にお礼申し上げます。

平成三十一年三月二十二日

奈良県立橿原考古学研究所
所長　菅谷文則

例　言

1．『飛鳥宮跡木簡』は奈良県立橿原考古学研究所が昭和三十五年から実施している飛鳥宮跡の発掘調査で出土した木簡を収録したものである。本報告書では飛鳥宮跡第一〇次～第一四七次までの調査で出土した木簡を掲載した。

2．収録にあたっては基本的に一字以上釈読できるものを取り上げた。既刊の概報や報告書には掲載されていない未公表のものも含んでいる。

3．写真図版は基本的に原寸大で掲載しているが、一部縮小したものがある。その場合は写真の下に倍率を表示した。赤外線画像はアイメジャー社製赤外線スキャナー IR-2000 を用いて作成した。

4．木簡の釈文は再検討を行なっており、これまでに公表したものを変更している場合がある。

5．釈文の漢字は現行常用漢字を用いているが、「嶋」「ア」「寸」「瀧」「籠」「縣」「齊」「緬」「鈹」「饘」「盡」などはこの字体を用いた。

6．釈文には次のような符号を加えた。

・　木簡の複数面に墨書がある場合、その区別を示す。

「　」　木簡の上端、下端が原形をとどめていることを示す。

＜　切り込みがあることを示す。

○　穿孔があることを示す。

…　同一木簡と判断されるが直接接続せず、一文字以上が欠落していることを示す。

□□　欠損文字のうち字数の確認できるもの。

［　］　欠損文字のうち字数の確認できないもの。

『　』　異筆、追筆

また、釈文の注記には次の二種類の括弧を用いた。

〔　〕　校訂に関する注で、本文に置き換わるべき文字を含むもの。

（　）　右以外の校訂注および説明注。

7．釈文左下のアラビア数字は、木簡の寸法（長さ・幅・厚さ）で、単位は㎜である。折れ・割れなどにより破損している場合には現状の数値に括弧を付した。

8．木簡の釈読には和田萃・東野治之・鶴見泰寿の研究所非常勤・常勤所員があたり、木簡学会の会員諸氏からも有益な助言を得た。出土当時の木簡釈読には岸俊男・秋山日出雄・亀田博の各氏も参画した。

9．飛鳥京跡苑池出土木簡の釈読については、平成十三年四月七日・八日および平成十四年二月十六日・十七日に釈文検討会を開催し、市大樹・井上満郎・今泉隆雄・狩野久・鎌田元一・栄原永遠男・佐藤宗諄・佐藤信・清水みき・杉本一樹・舘野和己・寺崎保広・橋本義則・馬場基・平川南・古尾谷知浩・山下信一郎・山中章・吉川聡・渡辺晃宏氏（五十音順）の各氏から貴重なご教示を頂いた。また木簡学会の会員諸氏からもご助言を頂いており、可能な限り釈文に反映させるように努めた。

10．遺構の解説は林部均（現国立歴史民俗博物館）が執筆し、木簡の解説および考察は鶴見が執筆した。本報告書の編集は鶴見が担当した。

11．本報告書は、科学研究費補助金　基盤研究（B）(2)「飛鳥・奈良時代文字史料の総合的研究」および基盤研究(S)「天皇家・公家文庫収蔵史料の高度利用化と日本目録学の進展」の成果を含んでいる。

12．本報告書収録の画像を刊行物・WEBなどに掲載しようとする場合は、事前に奈良県立橿原考古学研究所から掲載許可を得る必要がある。

目次

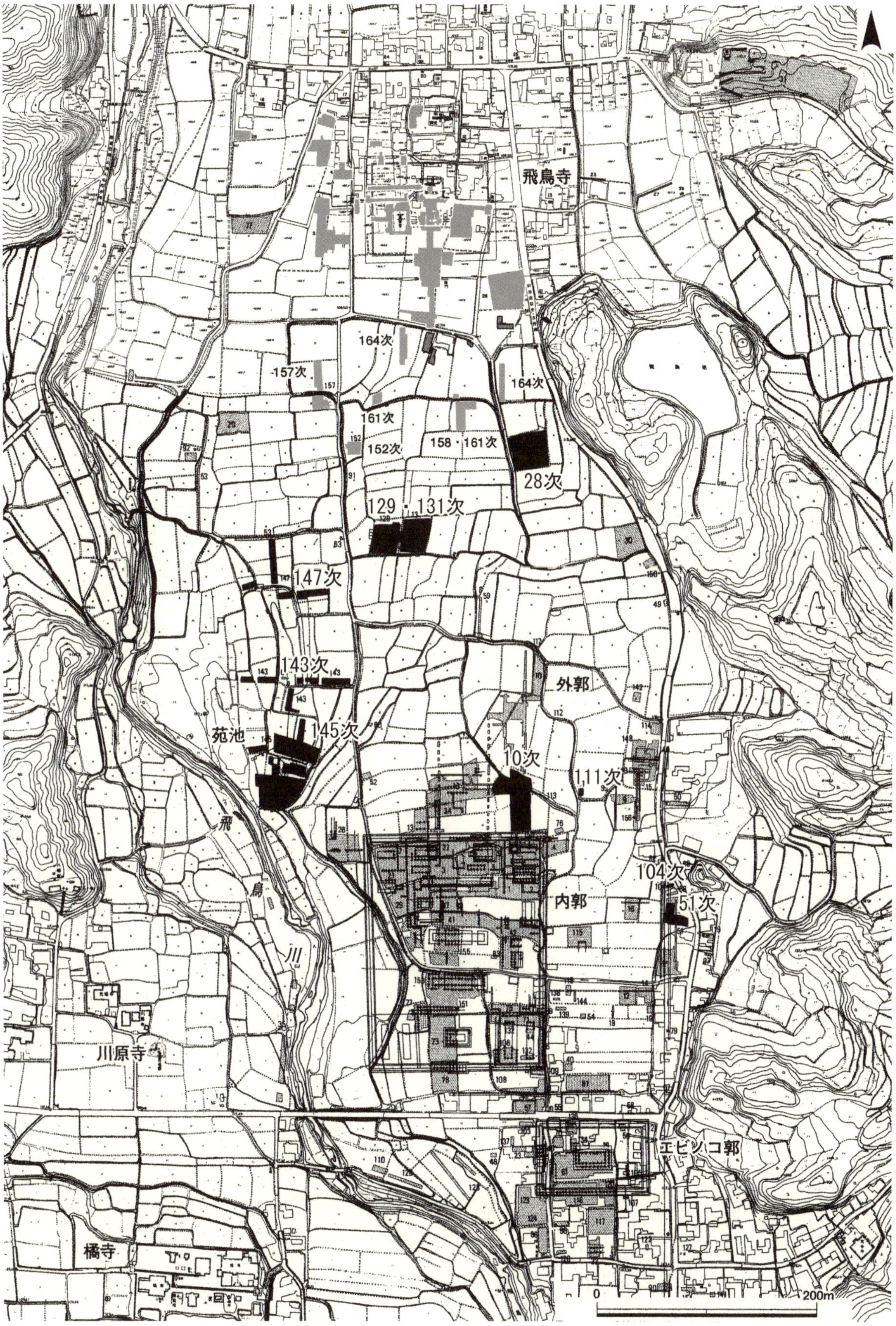

図１　飛鳥宮跡木簡出土地点位置図

第Ⅰ章　木簡出土遺構の概要

はじめに

飛鳥地域には、崇峻五年（五九二）に推古天皇が豊浦宮に即位して以来天皇の宮が造営されるようになった。推古天皇の小墾田宮（六〇三〜）に続いて舒明天皇が「飛鳥岡の傍」に宮を造営してからは「飛鳥〇〇宮」と名付けられた宮が連続して造られ、ほぼ飛鳥の地に固定されるようになった。すなわち、飛鳥岡本宮（六三〇〜六三六）、飛鳥板蓋宮（六四三〜六五五）、飛鳥川原宮（〜六五六）、後飛鳥岡本宮（六五六〜六七二）、飛鳥浄御原宮（六七二〜六九四）である。持統八年（六九四）十二月の藤原宮遷都までは基本的に「飛鳥」に宮が造営された。

飛鳥宮の遺構は、奈良県立橿原考古学研究所が昭和三五年から実施している発掘調査によって明らかになっている。飛鳥宮跡は三時期の重複する遺構からなり、古いものから順にⅠ期・Ⅱ期・Ⅲ期に分けられている。状況がもっとも明らかになっているⅢ期遺構はさらにⅢ-A期とⅢ-B期に細分される。A期は斉明朝、B期は天武・持統朝の遺構と考えられ、代々の飛鳥宮はほぼ同じ場所に造営されたことになる。

これらのうち最も実態が明らかになっている後飛鳥岡本宮・飛鳥浄御原宮の構成は、内郭と呼ばれる長方形の区画が中心的施設で、掘立柱塀で囲まれた中に大型建物がならぶ。浄御原宮段階になり内郭の東南にエビノコ郭（東南郭）と呼ばれる別の区画が加えられた。苑池（飛鳥京跡苑池）は後飛鳥岡本宮の時期に内郭北西側に設けられたものである。飛鳥宮跡では、これらの宮殿に関連する遺構から木簡が出土している。

（鶴見）

奈良県教育委員会『飛鳥京跡一・二』一九七一・一九八〇年
奈良県立橿原考古学研究所『飛鳥京跡Ⅲ〜Ⅵ』二〇〇八・二〇一一・二〇一二・二〇一四年
岸　俊男『日本古代宮都の研究』岩波書店、一九八八年
小澤　毅『日本古代宮都構造の研究』青木書店、二〇〇三年
林部　均『古代宮都形成過程の研究』青木書店、二〇〇一年
鶴見泰寿『古代国家形成の舞台　飛鳥宮』新泉社、二〇一五年

飛鳥京跡第一〇次調査

第一〇次調査は、内郭北東の実態を明らかにする目的で実施した調査である。明日香村岡三一七番地において、一九六六年に実施した（奈良県立橿原考古学研究所『飛鳥京跡』二（奈良県史跡名勝天然記念物調査報告第四〇冊）一九八〇年）。

調査では、内郭の北辺の掘立柱塀ＳＡ五九〇一の北溝ＳＤ五九〇三から北に流れる石組溝ＳＤ五九〇五とその溝が直角にまがった石組溝ＳＤ六六〇五を検出した。また、ＳＤ五九〇五の下層から暗渠ＳＤ六六一二も検出した。すべて、Ⅲ期遺構で、内郭周辺の水を集めて飛鳥川へと流す基本となる排水路とみてよい。

木簡の出土状況は大きく二つに分かれる。ひとつは、Ⅲ期遺構であるＳＤ五九〇五・六六〇五から出土したもので、これらの石組溝から出土した木簡は、Ⅲ期遺構の存続した時期から廃絶時までに堆積したものであろう（報告書でAと区分されているもの）。もうひとつは、Ⅲ期遺構の下層でみつかった暗渠ＳＤ六六一二の周辺の土層から出土したもので、ＳＤ六六一二やＳＤ五九〇五の造営を含めたⅢ期遺構造営時に廃棄されたものであろう（報告書でB・Cと区分されているもの）。とくに後者の資料は、土器とも共伴しており、その年代観は、Ⅲ期遺構を斉明天皇の後飛鳥岡本宮とする最近の研究成果と矛盾することはない（林部均「伝承飛鳥板蓋宮跡の年代と宮名」『古代

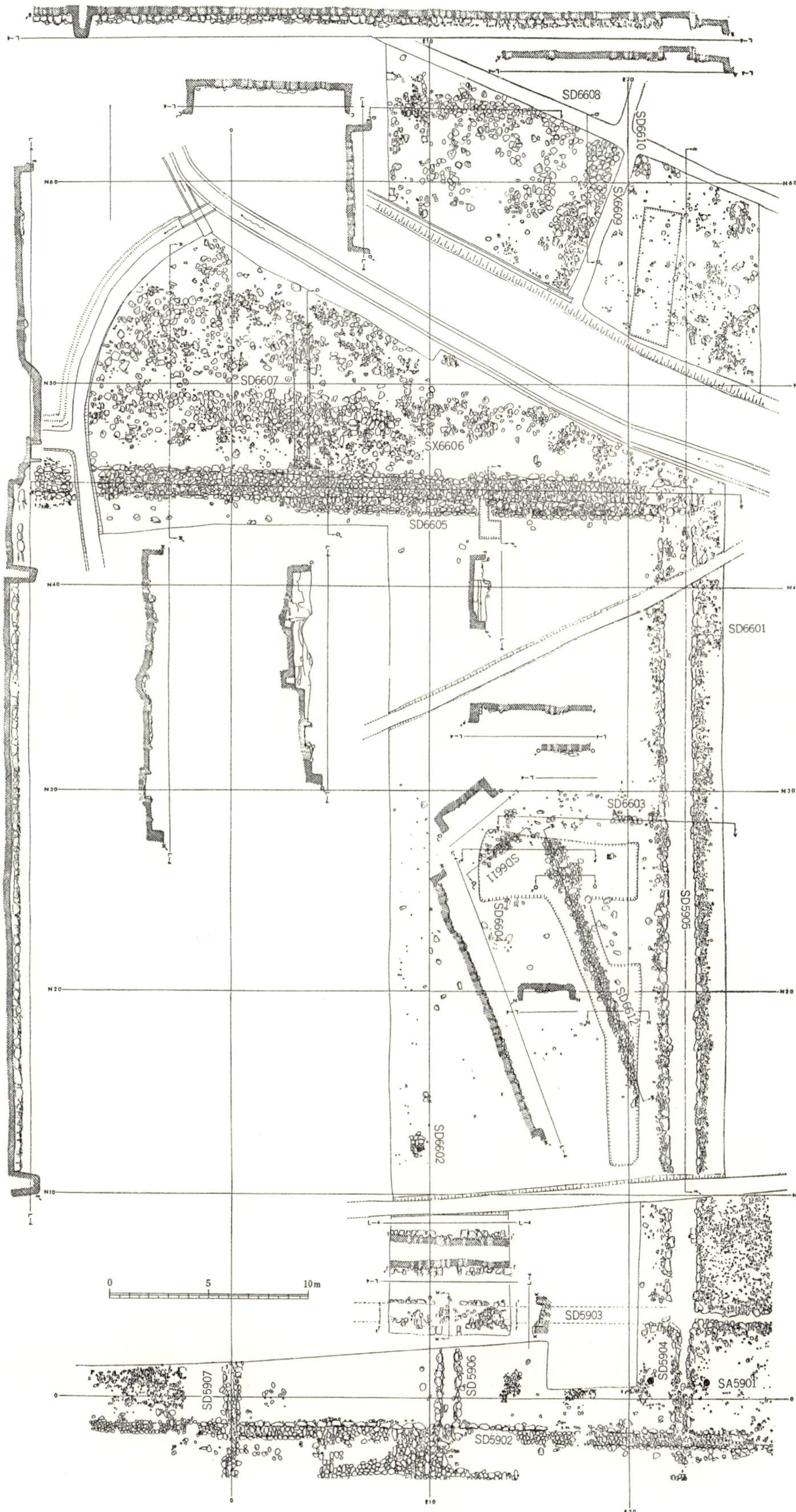

図２　第10次調査検出遺構

宮部形成過程の研究」青木書店、二〇〇一年（初出は一九九八年））。

飛鳥京跡第二八次調査

官の北辺、飛鳥寺との間にどういった遺構が存在するのかを明らかにするために実施した調査である。明日香村飛鳥八二番地で一九七一年に発掘調査を行なった（奈良県教育委員会『飛鳥京跡―昭和四六年度発掘調査概報―』）。

第二八次調査では大まかに三時期の遺構が検出されている。上層の遺構には掘立柱建物と石敷、中層の遺構には石組溝、下層の遺構には敷石と石垣、木樋がある。上層と中層の遺構は、ほぼ同一面で検出することができたという。上層・中層・下層が、具体的に飛鳥京跡で検出されている三時期の宮殿遺跡のどの段階に対応するかば明らかではないが、木簡は木製樋管の上層から一点、SB七一四二と称する掘立柱建物（?）の柱穴から一点出土している。

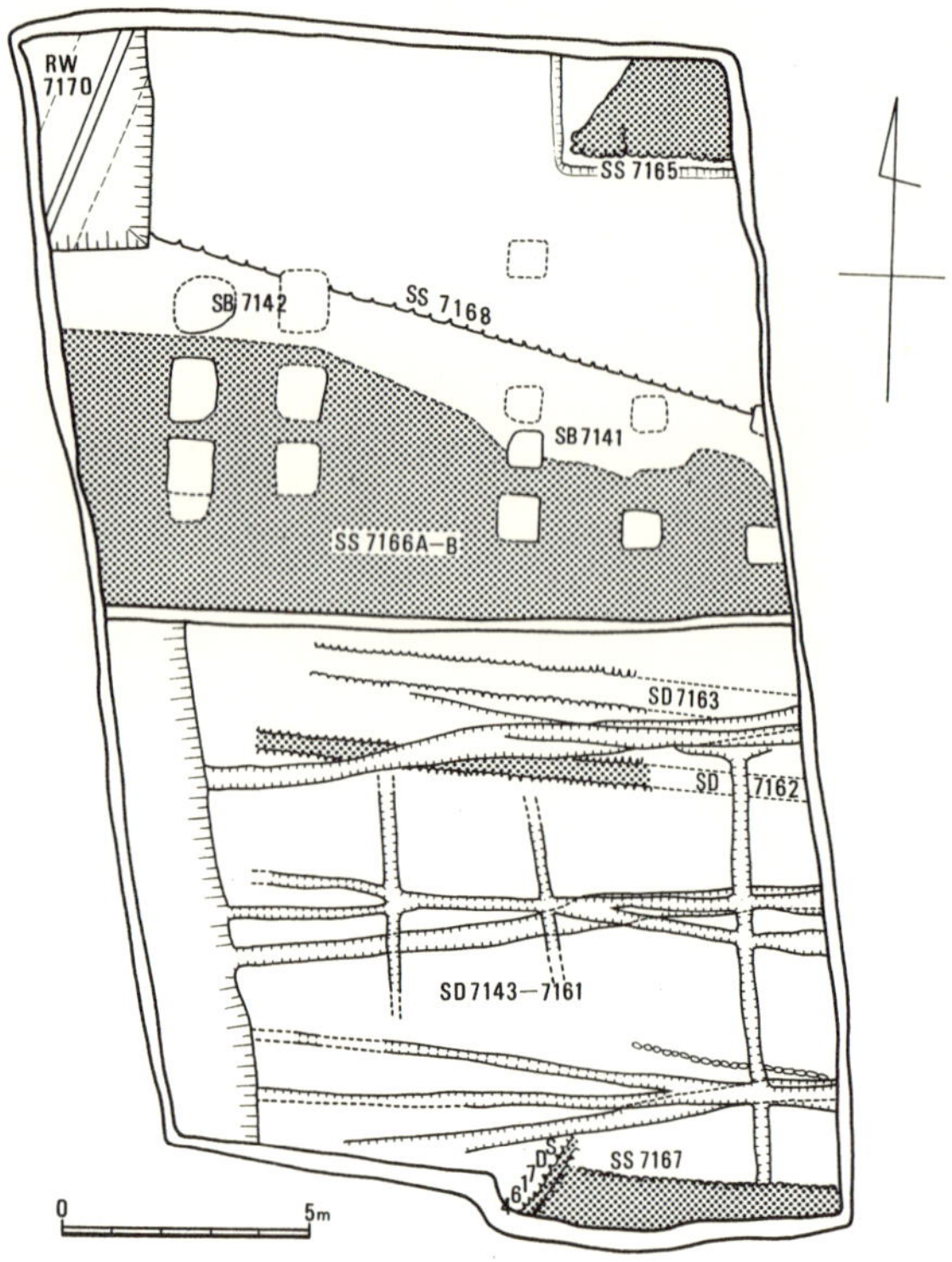

図3　第28次調査検出遺構

飛鳥京跡第五一次調査

飛鳥京跡の外郭の範囲確認のために実施した調査である。一九七六年一月から四月にかけて、明日香村岡三四〇‐一番地で発掘調査を実施した。調査面積は五三〇㎡である（奈良県教育委員会『飛鳥京跡―昭和五〇年度発掘調査概報―』一九七六年）。

遺構にはⅢ期遺構の外郭東辺の掘立柱塀の外にある南北方向の石組溝ＳＤ七四一〇とその東にあるＳＳ七四〇一がある。木簡は、これらのⅢ期遺構の下層で検出された土坑状遺構ＳＸ七五〇一から出土した。

木簡の出土状況は、菅谷文則氏による詳細な報告がある（奈良県立橿原考古学研究所「飛鳥京跡第五一次発掘調査出土木簡概報」『奈良県遺跡調査概報一九七六年度』一九七七年）。以下、それにもとづきつつ、簡単にまとめる。

ＳＸ七五〇一は、ＳＤ七四一〇に平行、ならびに直交するように設定したサブトレンチ（断ち割り調査）で確認したもので、長軸五・五～六・〇ｍ、短軸三・四五ｍの長楕円形をした、木片がぎっしりと詰まった土坑状の遺構である。検出面は、宮廃絶時の整地土層である黄褐色の山土の下層にあるⅢ期遺構ＳＤ七四一〇の遺構面となっている下一層を取り除いて、はじめて検出できた。ＳＸ七五〇一は、下二層の上面、下一層の下面にできた浅い窪みに堆積したものである。また、ＳＸ七五〇一の一部はⅢ期遺構ＳＤ七四一〇の下層にもぐりこむ。下一層の下層にある下二層からは、飛鳥Ⅱ新段階（六六〇年前後）の土器が出土しており、ＳＸ七五〇一の形成やⅢ期遺構の造営年代をある程度、限定することができる（林部均「伝承飛鳥板蓋宮跡の年代と宮名」（前掲））。ＳＸ七五〇一から出土した木片は、各種の木工具の削屑が大半で、薄片と薄片、薄片と大型の削屑などは密着しており、ほとんど砂粒をまじえない状況で出土した。木片の腐食状況も一様であり、色調もほぼ一定している。また、木葉などもわずかに二枚ほどしか含まれなかったことから、

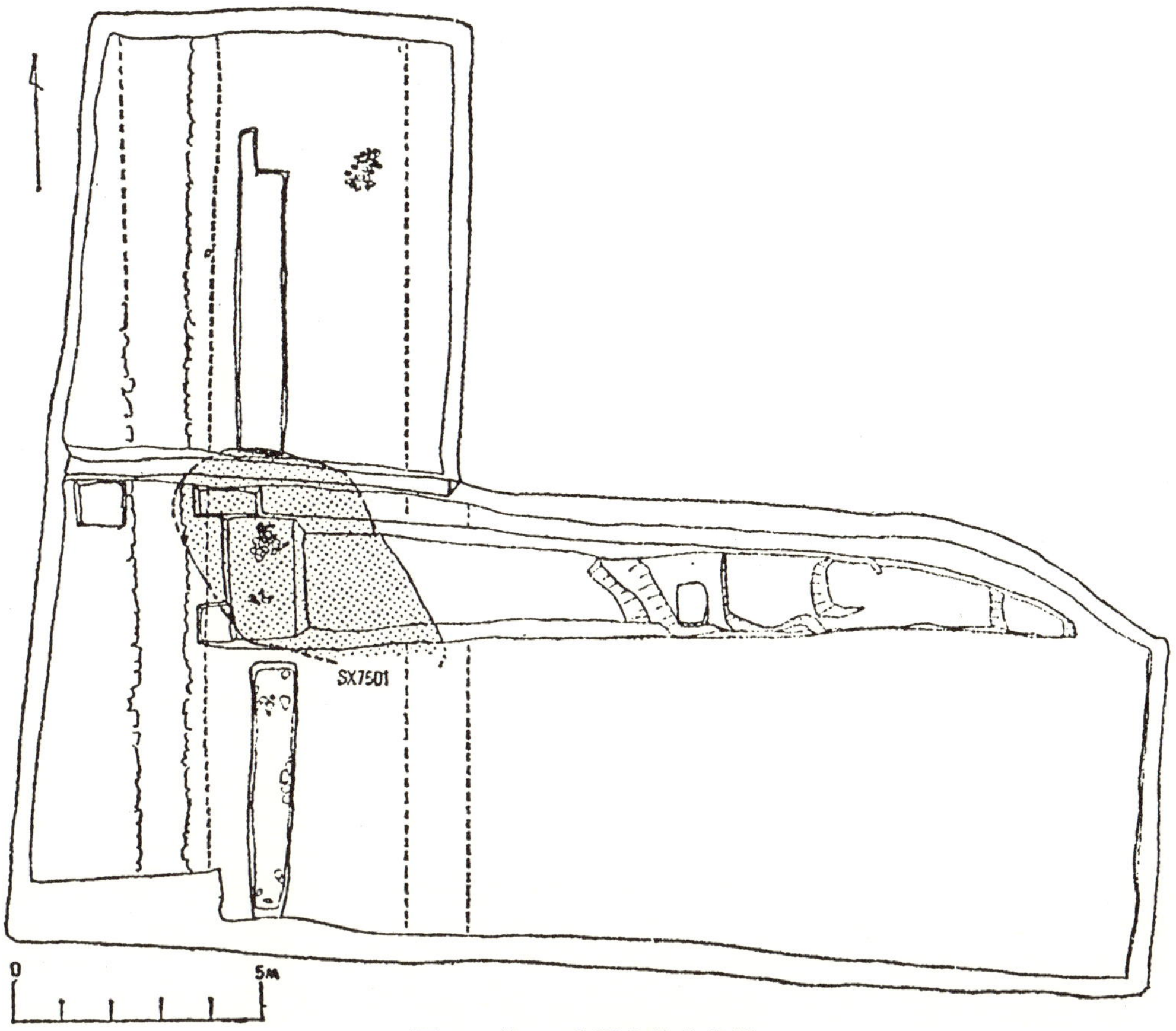

図４　第51次調査検出遺構

きわめて短期間に一括して投棄されたものとみてよい。おそらく、Ⅲ期遺構が造営される直前、ないしは造営される過程のなかで、一括投棄されたものと思われる。

飛鳥京跡第一〇四次調査

明日香村岡三四〇・五番地で実施した調査で、内郭の東方、外郭東辺にあたる。工場改築にともなうもので、約一六二㎡を一九八五年三月に発掘調査した（奈良県立橿原考古学研究所「飛鳥京跡―第九八・九九・一〇二・一〇三・一〇四次発掘調査概報―」『奈良県遺跡調査概報』一九八四年度、一九八五年）。

飛鳥京跡の外郭東辺の構造は、第四七・五一・六六次調査などで明らかとなっている（奈良県教育委員会『飛鳥京跡―昭和四九年度発掘調査概報―』一九七五年。奈良県教育委員会『飛鳥京跡―昭和五〇年度発掘調査概報―』一九七六年。奈良県立橿原考古学研究所「飛鳥京跡昭和五一年度発掘調査概報―付載　飛鳥京跡第五一次調査出土木簡概報―」『奈良県遺跡調査概報』一九七六年度、一九七七年）。第四七次調査では、外郭の東辺として、南北方向の掘立柱塀ＳＡ七四〇五とその内側に石組溝ＳＤ七四一一、外側に石組溝ＳＤ七四一〇を検出している。そして、さらに外に道路と推定されるＳＳ七四〇一を検出している。これらの遺構は、Ⅱ期遺構であるＳＡ七四〇六・七四〇九を壊してつくられているので、必然的にすべてⅢ期遺構となる（奈良県教育委員会『飛鳥京跡―昭和四九年度発掘調査概報―』一九七五年）。ここで報告する第一〇四次調査はちょうど、この第四七次調査の北約五〇ｍにあたる。

第一〇四次調査では、外郭の掘立柱塀の外側を南北にとおる石組溝ＳＤ七四一〇を検出した。溝底の幅は約一・二ｍ、深さ約〇・五ｍで、東の石積みのみが残っていた。これらの遺構はⅢ期にともなうものとみなしてよい。

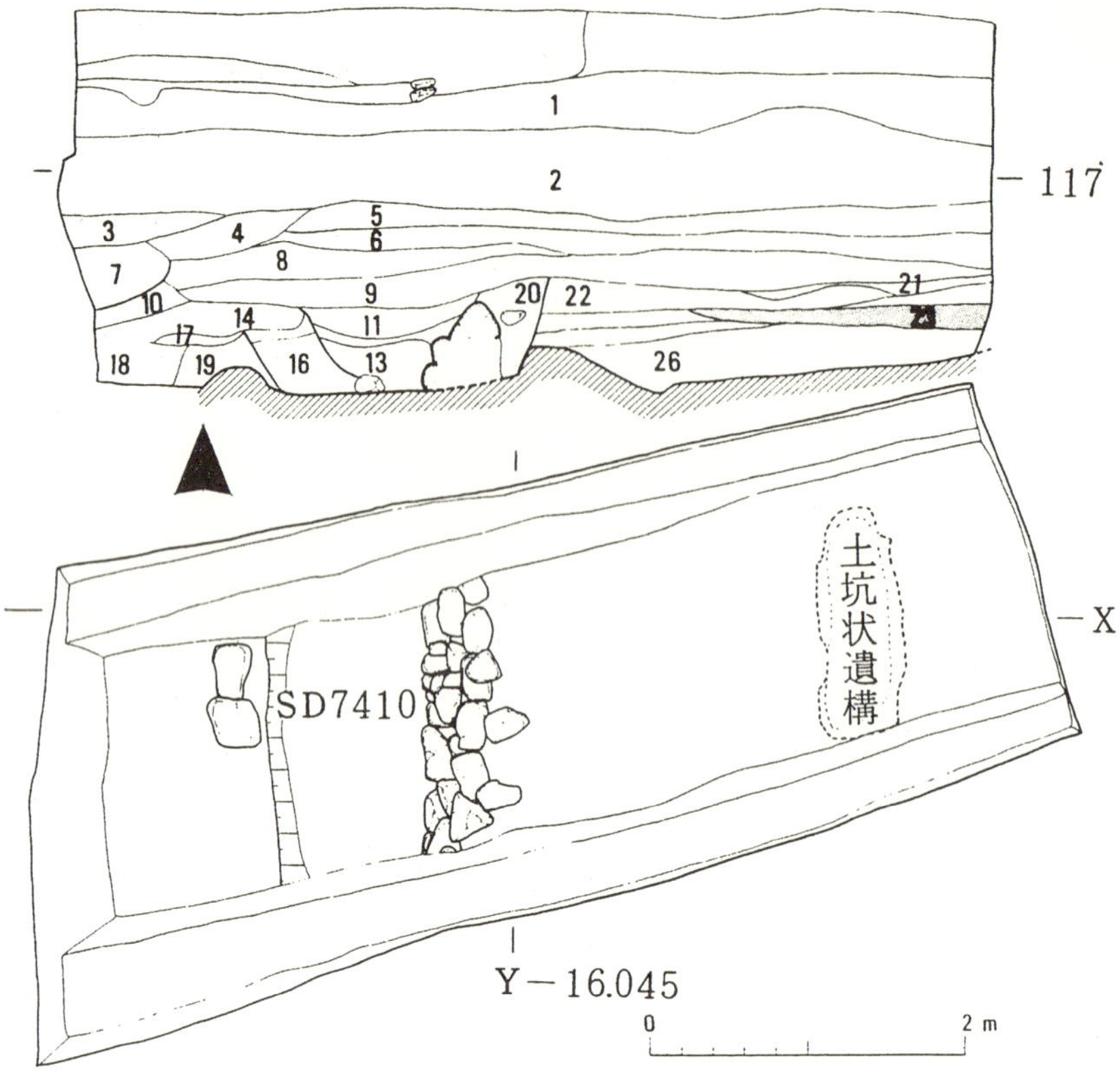

図５　第104次調査検出遺構

図６　第104次調査（東から）

木簡は、溝の東肩にあった黄褐色の山土状の土層を取り除き掘り下げたところ、南北約一・四ｍ、東西約〇・五二ｍの範囲に木屑が圧縮されて、一塊の遺物のようになって検出された。おそらく、土坑状の遺構があったものと思われる。しかし、直接的にこの木屑の塊、すなわち土抗の掘り込み面がどの土層にあるのかは明らかではない。ただ、溝を検出した面では、土坑の掘り込みはみえず、溝の東側を一段掘り下げて、山土の土層を取り除いたところ、木屑のかたまりが出土したという。層位的にはＳＤ七四一〇以前になるといわれる。

出土木簡の検討にあたっては、その文字内容も重要であるが、それ以上に、木簡の出土状況がきわめて重要な意味をもつ。そういった意味で、第一〇四次調査で出土した木簡は、木屑の塊と表現される土坑状の遺構の掘り込んだ面がどこに求められるのかを直接検討する材料をもたないということで、資料的な制約をもつといわざるをえない。ただ、概報に記された土坑状の遺構を検出にいたる観察所見を検討するかぎり、ふたつの解釈が考えられる。ひとつは、観察所見のとおり、層位的にSD七四一〇以前とみるもので、この場合、出土木簡に「辛巳年」（天武十年＝六八一年）という紀年木簡がある以上、発掘調査で検出されたSD七四一〇の東壁の石組は、その時期以降に構築されたか、もしくは、何らかの改修が加えられ、その結果、層位的に下層とみられる位置に木簡が埋没することになったということになる。外郭の東辺の掘立柱塀の外側の石組溝が天武十年まで未整備であったということは常識的には考えられないので、必然的に、外郭が何らかの改修を受けたという後者の解釈が自然である。もうひとつの解釈は、石組溝SD七四一〇の東肩にあった黄褐色の山土を一段掘り下げて、はじめて木屑の塊が検出できたということをいかに評価するかである。通常、飛鳥京跡では、宮廃絶後の跡地整地に黄褐色の山土を使うといわれている。また、柱の抜き取り穴などにも黄褐色の山土が入ることが多い。このことを重視すると、第一〇四次調査で出土した木簡も、宮廃絶時に比較的近い時期に一括して捨てられたという解釈も成り立つ。この解釈のどちらをとるかは、第一〇四次調査だけではなんともいえないが、いずれにしても、これらの木簡がⅢ期遺構にともなうものであることだけはまちがいない。今後、周辺地区での調査において、再検討の必要がある。

飛鳥京跡第一一一次調査

内郭の東北隅の北東で実施した農作業小屋建設に伴う調査である（奈良県立橿原考古学研究所「飛鳥京跡発掘調査概報―第一一一次〜一一三次および平田キクガワ遺跡の調査―」『奈良県遺跡調査概報』一九八七年度　一九九〇年）。明日香村岡三五四番地で、一九八六年七月から九月にかけて発掘調査した。調査面積は二四㎡である。

第一一一次調査は、内郭の北東、外郭に相当する位置にあたる。調査ではⅢ期遺構にともなう砂利敷SH八六〇一を検出した。そして、さらに、下層においてⅡ期遺構である東西方向の石列SX八六〇五を検出した。

木簡はⅢ期遺構のSH八六〇一を取り除いて、さらに下層で検出したⅡ期

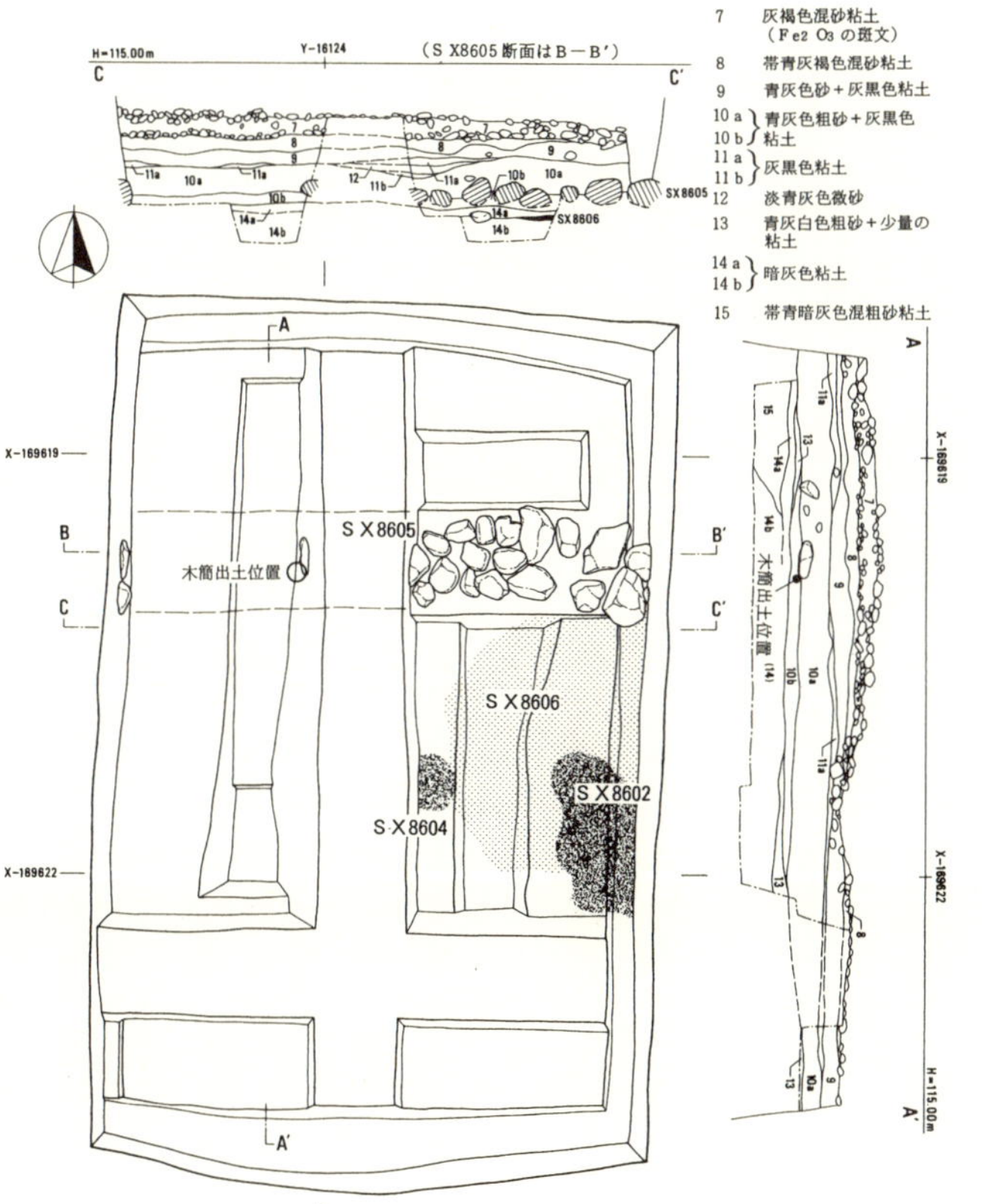

図7　第111次調査検出遺構

遺構であるSX八六〇五にともなって出土した。また、SH八六〇一の下層には、SX八六〇二やSX八六〇四といった、加工木片や樹皮、木葉などⅢ期遺構造営にともなう廃棄物が集中する箇所がみられる。特にSX八六〇二からは木簡の削片が出土している。さらに、SX八六〇五の下層においても、Ⅱ期遺構造営にともなう木片の集中堆積SX八六〇六がみられる。

飛鳥京跡第一二九・一三一次調査

飛鳥京跡の外郭北辺の様相を究明するために実施した調査である(奈良県立橿原考古学研究所「飛鳥京跡―第一二七次～第一三〇次」『奈良県遺跡調査概報』一九九二年度、一九九三年。奈良県立橿原考古学研究所「飛鳥京跡―第一三一次～一三四次、第一三一次出土木簡調査概報―」『奈良県遺跡調査概報』一九九五年度、一九九六年)。明日香村岡二九四・二九五・二九七に調査区を設定した。第一二九次調査は一九九三年一月から三月、第一三一次調査は一九九五年二月から五月に発掘調査を実施した。二回の調査で約一二〇〇㎡を調査した。

遺構には、掘立柱建物、掘立柱塀、石組溝、素掘溝、砂利敷などがある。

遺構は、大まかに二時期の変遷が認められる(第一三一次調査の概報では、四時期の遺構の変遷を考えているが、後述するように遺構の解釈などに問題が多い。また、最近の第一五二次調査の成果とも整合していない。そこで、ここでは新たな時期区分を提示する)。ともにその廃絶時の埋土から出土する遺物から、飛鳥京跡のⅢ期遺構に対応するとみてよい。この時期区分(仮に一・二期と呼称する)にしたがって遺構について略述する。

一期は、建物群が整備される段階である。掘立柱建物SB九二〇一は南北五間、東西四間の南北棟建物で、東と西に庇がつく。SB九二〇一の西では、総柱の建物であるSB九二〇二・九二〇三が検出されている。これらの建物群を区画するように石組溝SD九二〇五、掘立柱塀SA九四〇一がある。SB九二〇一・九二〇二・九二〇三は廃絶時に柱を抜きとっているが、その抜きとり穴からは、ほぼ完形の土器が出土している。柱抜きとりにあたって、土器を埋納したものと思われる。それらの土器の年代は、すべて飛鳥Ⅳ、すなわち藤原宮造営直前に位置づけられるもので、これらの建物群も藤原宮への遷居にともなって廃絶したものとみてよい。こういった建物の廃絶年代は、SD九二〇五の埋土から出土する土器群とも矛盾せず、一期の遺構は藤原宮への遷居にともなって廃絶したと考えられる。

二期は、建物群が廃絶した以降につくられたもので、掘立柱塀SA九二〇四、素掘溝SD九二〇八がある。SA九二〇四は北で西に大きく振れるもので、一期のSB九二〇一・九二〇二の柱穴を壊してつくられている。二回の調査で総延長にして約四八mにわたって検出しており、宮廃絶後、かつて宮があった地域に北からの侵入を遮断する目的で設置されたものと考えられる(林部均「古代宮部の廃絶」『古代宮部形成過程の研究』青木書店二〇〇一年(初出は一九九九年))。SD九二〇八は、SD九二〇五の石組を一部で壊して掘削される。天平年間までの土器が出土しており、最終的な埋没は奈良時代の中ごろである。

なお、すでに刊行した概報では、SD九二〇五の北で砂利敷SS九四〇五と石組溝SD九四〇三が報告され、SD九四〇三がSS九四〇五の下層からみつかったことを根拠に、SD九四〇三を建物群が整備される前段階(本稿の一期以前)の遺構として把握しているが、SS九四〇五と建物群が同時に存在したのかどうかは、必ずしも明らかではなく、再検討を必要とする。むしろ、概報に掲載されている写真を検討するかぎり、SS九四〇五の砂利敷を取り除いて、石組溝SD九四〇三をはじめとしてSD九二〇五などが検出されているようにみえる。また、二〇〇四年春、第一二九・一三一次調査の

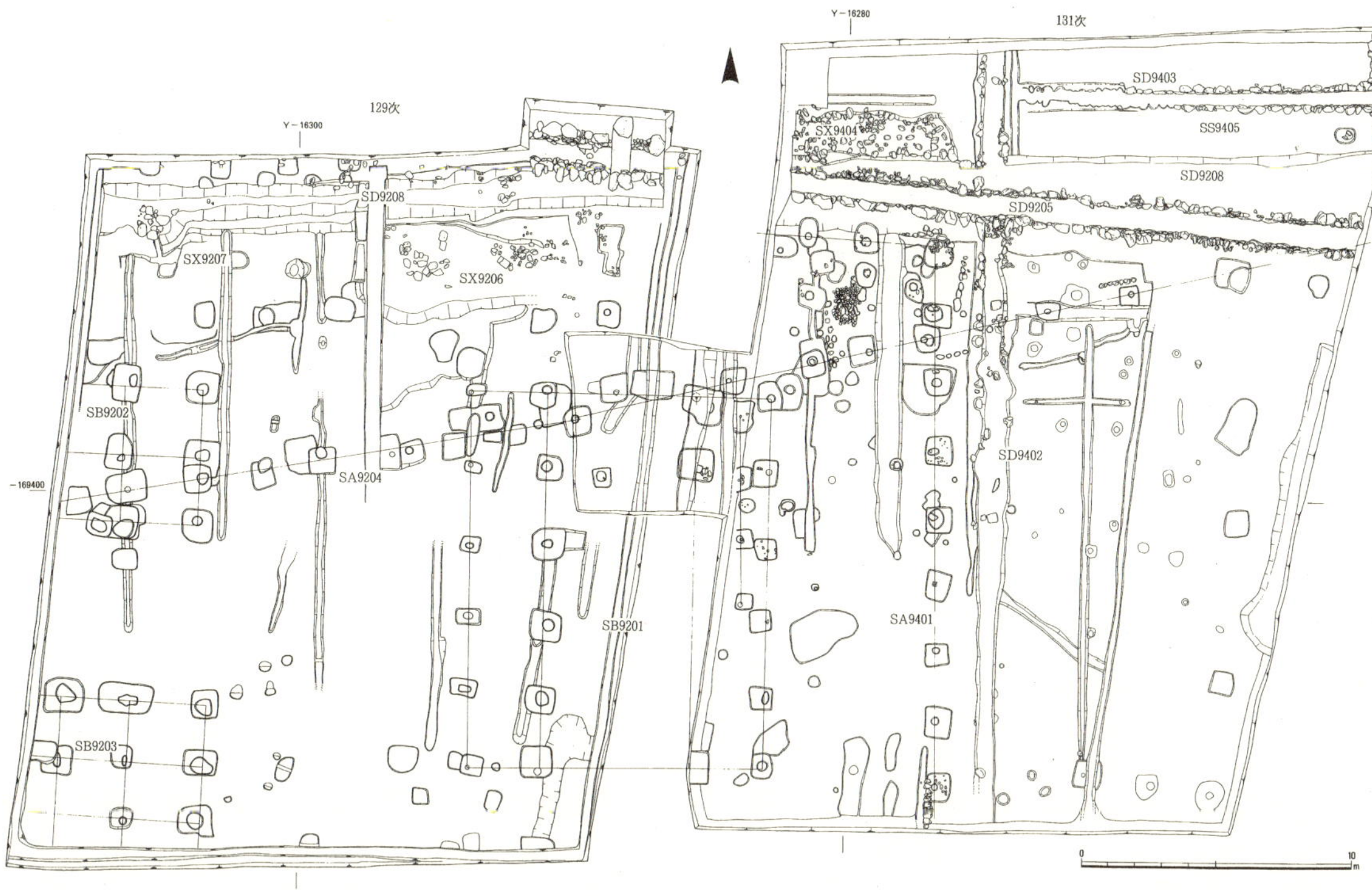

図８　第129・131次調査検出遺構

すぐ北で実施された第一五二次調査では、飛鳥Ⅳ～Ⅴの大量の土器群とともに砂利敷が検出され、その砂利敦をとりはらった段階ではじめて、南北方向の石組溝が検出されている。南北方向の石組溝からも飛鳥Ⅳ～Ⅴの土器がまとまって出土し、木簡も出土している（奈良県立橿原考古学研究所『飛鳥京跡Ⅳ―外郭北部域の調査―』二〇一一年）。これらのことをもとに、あらためて第一三一次調査で検出した遺構を検討すると、砂利敷ＳＳ九四〇五とその下層でみつかった石組溝ＳＤ九四〇三・九二〇五との関係も違った解釈が可能となる。すなわち、ＳＳ九四〇五は、概報で報告された建物群などにともなう砂利敷などではなく、建物や石組溝が廃絶したのちに敷かれたものと解釈することが自然ではないか。そうすると、そのＳＳ九四〇五を取り除いて初めて検出できたというＳＤ九四〇三も、とくに古くする必要はなく、ＳＤ九二〇五などと同様、建物群が整備された時期のものと考えるのが自然な解釈ではないだろうか。

　ところで、木簡は一期の遺構とした石組溝ＳＤ九二〇五の廃絶にともなう埋土から出土している。ＳＤ九二〇五は石組上面での幅は約一・〇～一・二ｍ、溝底での幅約〇・六～〇・八ｍ、深さ一・三～一・五ｍ。第一二九・一三一次調査で東西に約三二ｍを検出した。宮の北にある外郭の排水溝のひとつとみてよい。その土層堆積は、大きくみて上下ふたつの層にわけることができ、下層は自然堆積の砂層で、上層は人為的に埋め立てた粘質土層である。木簡は第一二九・一三一次ともに下層の砂層から出土している。上層と下層ともに飛鳥Ⅳ・Ⅴの土器が出土しており、ＳＤ九二〇五の南で検出した建物の廃絶と相前後して溝も埋め立てられたものと思われる。なお、木簡は下層の砂層堆積からの出土であり、廃棄された場所の確定は困難である。

飛鳥京跡第一四三次・一四五次（飛鳥京跡苑池遺構第二次・三次）

平成一〇年度に実施した飛鳥京跡苑池遺構第一次調査により、飛鳥京跡内郭部分と飛鳥川との間に、宮殿に付属する広大な庭園遺構が存在することが確認された。石組で護岸され底には石が貼られた池中には石造物や張り出し（のちに中島と判明）などの構築物が確認されたが、苑池の範囲はさらに北方に広がることが確実となったため、北方の水田に南北一五〇m、東西一〇〇mの範囲の中で九カ所のトレンチを設定し、第二次調査を行なった。第三次調査は、張り出しの形態と第二次調査でみつかった渡堤との関係などを目的としたものである。第二次調査は二〇〇〇年一一月から二〇〇一年四月にかけて明日香村岡（ゴミ田一五九・一六一・一六三、出水一六七・一六八・一七二、林一七二・一七三、井手ノ上二三六－一）において、第三次調査は二〇〇一年五月から八月にかけて明日香村岡（出水一六六・一六九、ゴミ田一六四・一六五）において行なった。調査面積は第二次が九〇〇㎡、第三次が五〇〇㎡である（奈良県立橿原考古学研究所『史跡・名勝飛鳥京跡苑池(1)―飛鳥京跡Ⅴ―』二〇一二年）。

調査の結果、渡堤ＳＸ〇〇〇二の南側には、南北長約六〇m、東西長約六五mの規模を持つ南池ＳＧ九八〇一があり、周囲に石組護岸ＳＸ九八〇六がめぐる池の南端には石造物と石槽が置かれ、池中には島状石積みＳＸ九八〇四と中島ＳＸ九八〇五が南北に並んでいた。渡り堤は南池ＳＧ九八〇一と北池〇〇〇一を仕切る直線状の堤で、幅五m、長さ三二mあり、南北は石積み護岸ＳＸ〇〇〇五・〇〇〇六により護岸される。渡り堤には、南池ＳＧ九八〇一・北池ＳＧ〇〇〇一間の通水を目的とする木樋が堤に直交する形で埋設されていた。木樋は二カ所で検出され、東側は当初のもの、西側は改修後のものであることが判明している。渡堤の北側には北池ＳＧ〇〇〇一があり、さらにその北側は水路ＳＤ〇〇一三に通じている。水路ＳＤ〇〇一三は幅約五・八m以上で、護岸上面からの深さは約一・五mだが、底部中央は幅三m、深さ〇・四五mの溝状に掘り込まれている。水路ＳＤ〇〇一三の東側では長さ八間分の東西方向の柱列を検出した。

木簡は南池ＳＧ九八一〇の堆積土中から一七点（Ⅱ－一トレンチから七点、Ⅲ－一トレンチから一〇点）出土し、敷石直上のものが多い。北池ＳＧ〇〇〇一の堆積土中からは一点（Ⅱ－一トレンチ）が出土している。水路ＳＤ〇〇一三の堆積土中から六四点（Ⅱ－五トレンチ）が出土した。ＳＤ〇〇一三では木簡は下層の暗青灰色粘土から出土した。

飛鳥京跡第一四七次（飛鳥京跡苑池遺構第四次）

第一四七次調査は、苑池の北限の確認を目的としたもので、第三次調査で検出された水路ＳＤ〇〇一三が北へ八〇mほど延びて西へ曲がることが現状の地割りや地中レーダーにより確認されたことから、四カ所のトレンチを設定して行なった。二〇〇一年一一月から二〇〇二年二月にかけて、明日香村岡（林一七七・一七八、西フケ一八〇・一八一・一八二・一八三－一）において実施した。調査面積は四三〇㎡である。（奈良県立橿原考古学研究所『史跡・名勝飛鳥京跡苑池(1)―飛鳥京跡Ⅴ―』二〇一二年）

調査の結果、水路ＳＤ〇〇一三は西側の微高地（島カ）に沿って北へ八〇m延びて西に屈曲することが確認された。水路は石積みで護岸されており、数回の改修を受けていた。なお苑池の北限を示す施設は検出されていない。

木簡はＳＤ〇〇一三から九〇点（Ⅳ－一トレンチから六四点、Ⅳ－二トレンチから二五点、Ⅳ－四トレンチから一点）が出土した。出土状況は、水路に堆積した有機質土の下に飛鳥時代に形成された暗青灰色粘土層から出土し、平面的にも層位的にも分布状況に偏りはない。原位置を確認した木簡については、ほぼ水平に埋没しており、溝内が帯水している状態の中で徐々に埋没したとみられる。

（林部）

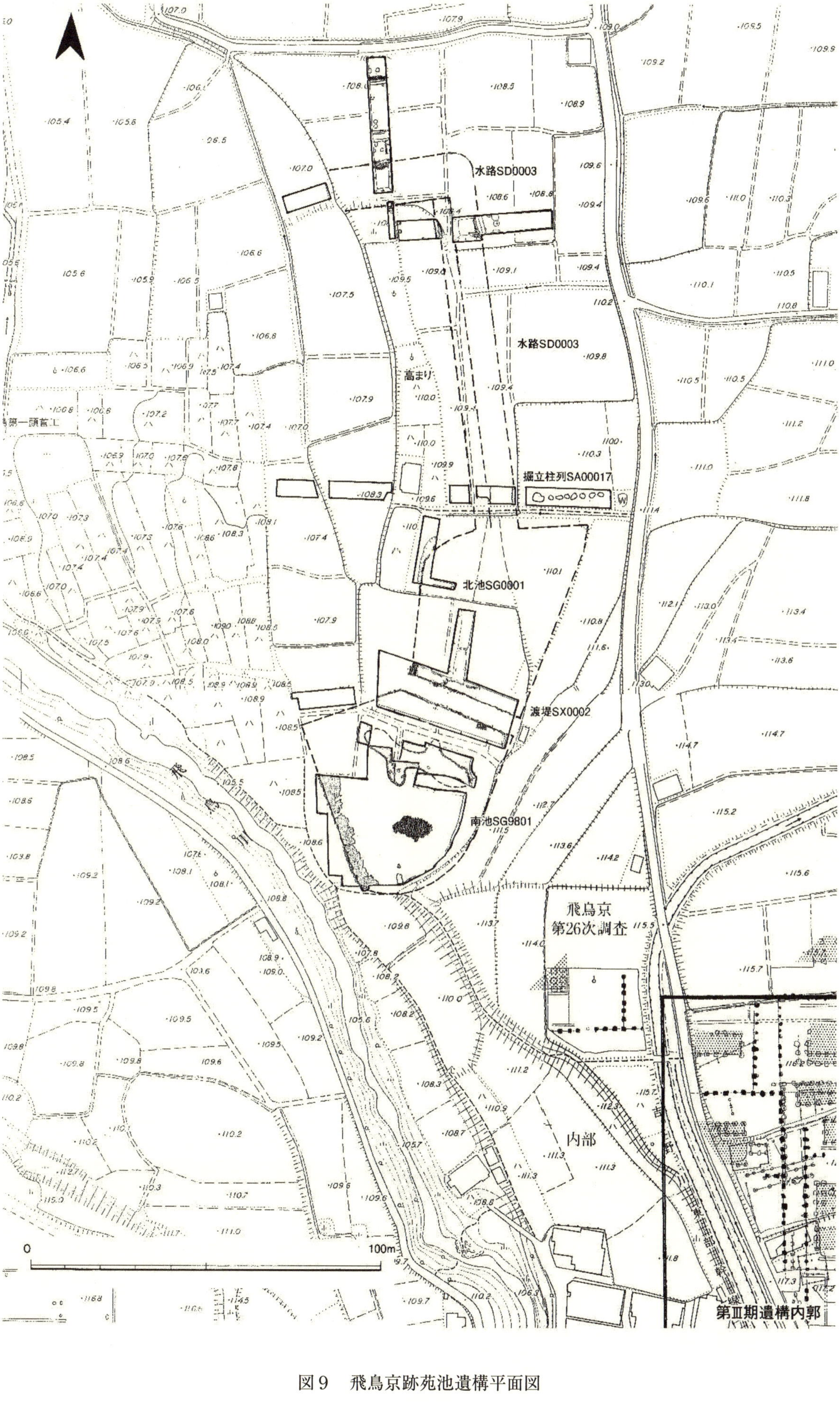

図９　飛鳥京跡苑池遺構平面図

第Ⅱ章　木簡の釈文と解説

第一〇次調査

10―1

・□　矢田ア　大アア　長□谷ア　月
　田　□　月
ア　財ア　田丈ア丈ア田ア　月」

・
　□
ア　□王⎾　⏌占ア　若
□　□ア　□ア　矢作ア　若若
占　」

(250)×38×3

上端折れ、下端は削りで左右より斜めに削って鈍角をなす。左右両辺削り。「矢田部」「大部」「小長谷部」「財部」「丈部」「田部」「占部」「矢作部」などの部姓を両面に列記する。繰り返し文字を書いたり、一度木簡を削って文字を書いたりしていることから習書木簡とみられる。ＳＤ五九〇五側石下端より出土。

10―2

・「<阿□椋人ア　」
・「<八等□二三斤□□」

115×22×4

四周削り。上部左右に小さく切り込みがある。「椋人ア」と部姓を記す付札であるが、他のものとは記載内容が若干異なる。下層の植物性物質包含層出土。

10―3

「御賢友」

121×34×3

四周削り。「御賢友」は友人に対し敬意を払った表現で『論語』季氏、『漢書』李尋伝などに用例があるが、木簡の用途は不明。

10―4

「<大ア浴虎□〔錦カ〕」
「<『上』　」

139×26×3

四周削り。上部の左右に切り込みがある。「大ア」は大伴で、四文字目は従来「庸」と釈読されていたが「虎」の異体字である。裏は異筆で「上」と記す。錦の付札で、検品の上で等級を書き足したものか。斜行暗渠ＳＤ六六一二付近出土。

10―5

「<大ア阿西利
「<　『上』

(85)×21×3

上端および左右両辺削り、下端は折損する。上部左右に切り込みがある。表に大伴阿西利の名を、裏には異筆で「上」と等級を記す。下層の植物性物質包含層出土。

10-6

「∨大ア□□□　」
「∨参□　『上』」

98×11×5

四周削り。上部左右に切り込みがある。これも10-4や10-5と同じく人名と等級を記した付札。下層の植物性物質包含層出土。

10-7

「∨錦ア□□□　」
「∨『上』　」

73×15×2

四周削り。上部左右に小さな切り込みがある。表に錦織部某の人名、裏に異筆で等級を記す。下層の植物性物質包含層出土。

10-8

・「∨錦ア□□□〔錦ヵ〕」
・「∨『中』　」

112×22×4

四周削り。上端は角を削って円みを帯び、下端は左右から斜めに削る。上部左右に小さな切り込みがある。表に錦織部某の人名、裏に異筆で等級を記す。下層の植物性物質包含層出土。

10-9

・「∨田ア加尼『上』」
・「∨□　」

104×17×3

上端および左右両辺は削り。下端は左右の角を削って台形を呈する。上部左側に小さな切り込みがある。「田部加尼」の名と等級が片面に記される。裏にも若干の墨痕があるが判読できない。下層の植物性物質包含層出土。

10-10

「∨夫人緬『上』」

92×13×3

四周削りで、下端は斜めに削る。上部左右に切り込みがある。夫人は『日本書紀』では皇后・妃とともに夫人がみえる（天武二年二月癸未条など）。「緬」は動物性の織物。下には異筆で等級を記す。

10-11

「∨須弥酒」

112×24×3

四周削り。上端および下端は左右から斜めに削る。上部左右に切り込みがある。「須弥酒」は濁酒の上澄みをとった澄み酒とみられる。

10-12

・「∨□　□」
・「∨　上々　」

133×26×6

四周削り。上部左右に切り込みがある。表は墨痕がかすかに残るのみで判読できない。裏に「上々」と等級を記すことから一連の付札とみられる。

10-13

・□斯利学瀧瀧□□〔汎ヵ〕□

315×39×7

四周削り。上端および下端は側面を円形に削り取り、一字目が一部しか残っていないことから二次的な加工と考えられる。本来は一尺を超える長い木簡だったのであろう。

10-14

・「伊伊伊伊伊伊伊伊
　□□□□神神神

(214)×17×5

上端は鋸による切断、下端は折損。左右両辺削り。表裏の調整は粗い。伊・神の文字を二行に分けて繰り返し書いた習書木簡である。

10-15

・「薬薬薬薬(大の重ね書きあり)

・「□

(95)×(13)×4

上端および左辺削り。右辺割れ。下端は折損。「薬」の習書木簡で、一字目から二字目にかけて重ねて「大」と書かれる。SD六六〇五底石上面砂層出土。

10-16

・道　道

・　道　道

(167)×25×3

上下ともに折損。左右両辺削り。10-17と同一簡か。

10-17

・道

・□　道

(46)×26×3

上下ともに折損。左右両辺削り。10-16と同一簡か。

10-18

・□道□□□道□

・□□道□□□□

(282)×(21)×3

上下ともに折損、右辺削り。左辺は斜めに割られる。本来は大型木簡であったらしい。

10-19

・□八」

・［　　］」

(57)×25×5

上部折損、下端は切り折り。左右両辺削り。

10-20

・徳□之」

・□□□」

上端は折損、下端は刀子の先状に削られる。文字の配置から、刀子状に加工された木片に習書されたものとみられる。

(50)×26×6

10-21

〔横見評ヵ〕
・□□□
・「　」

(57)×(11)×2

上下端ともに折損。右辺割れ。左辺削り。裏面にも墨痕があるが削られていて判読できない。表の一字目は木偏、三字目は言偏であり、残画から「横見評」と読める可能性がある。『和名抄』武蔵国横見郡にあたる。

10-22

〔朝臣ヵ〕
□□□□□□□□

(250)×(22)×5

上下端ともに折損、右辺割れ、左辺削り。文字は左半分ほどしか残っていない。残画から「朝臣」とみられ、この木簡は天武十三年(六八四)十一月の朝臣賜姓以後のものとなる。SD五九〇五出土。

10-23

「中四□

(80)×21×3

上端および左右両辺削り。下端折れ。

10-24

夫　□」

(105)×15×3

上部折損、下端は左右から斜めに削る。左右両辺ともに削り。

10-25

卒日世九日本卒日

(168)×(24)

削片。やや珍しい書体で記す。習書か。

10-26

〔明ヵ〕
□由見望々空□

(168)×(24)

削片。文字は明瞭で判読もできるが、内容が明らかでない。漢詩や漢籍などの一部を習書したものか。

10-27

〔然ヵ〕
□盡□□

(99)×(17)

削片。

10-28 □〔盡カ〕无□□ (77)×(14)

削片。文字右半分を削った後に左半分をさらに削っている。

10-29 二日間 (47)×(19)

削片。ＳＤ五九〇五出土。

10-30 □〔粉カ〕□□ (73)×(20)

削片。

10-31 矢田ア (33)×(12)

削片。

10-32 車ア□ (48)×(12)

削片。「車部」は人名で、天平十一年十月の正倉院宝物調絁墨書銘に丹後国竹野郡鳥取郷門田里の戸主として車部鯨の名がみえる。

10-33 ア直□ ( )×( )

削片。

10-34 □ア□ (44)×(12)

削片。

10-35 □山秦 (49)×(13)

削片。

10-36 □〔買カ〕 (63)×(15)

削片。

10-37
聖

(49)×(14)

削片。

10-38
卒□

(40)×(16)

削片。

10-39
〔宇カ〕
□

(33)×(9)

削片。宇の異体字で、ウ冠の下は于ではなく「一丁」である。

10-40
「夜

(45)×(16)

削片。木簡の上端部にあたるり、左右の角を削って山形を呈する。

10-41
〔綾錦カ〕
・□□
・□

(55)×(14)×2

上下端ともに折損、左辺割れ、右辺削り。文字の右半分しか残っていないが、「綾錦」と読めそうである。裏にもわずかに墨痕がある。

10-42
・ア□
・□□

(19)×(20)×3

上下ともに折損し、左辺割れ、右辺削り。

10-43
□□□

(93)×(18)

削片。材質・筆法は10-26に似ている。

10-44
□□

(49)×(18)

削片。墨痕は明瞭であるが釈読できない。

10-45
□□

(27)×(16)

削片。左辺は原形をとどめるか。

10-46
〔泡カ〕
□

(38)×(15)

削片。

10-47
□□

(40)×(16)

削片。二字ともに「立＋木」で、親・新などの文字の習書か。

10-48
□□

(35)×(11)

削片。

10-49
・□□□□
・□

(70)×(9)×2

上下端ともに折損。左右両辺ともに割れ。表に四文字程度、裏に一文字程度の墨痕があるが釈読できない。

第二八次調査

木樋RW七一七〇上方

28-1
・　久米評鴨ア［　］
・□　［　］

(158)×(9)×7

上下端ともに折損。左右両辺ともに割れ。久米評は『和名抄』伯耆・美作・伊予国にみえ、伯耆国久米郡には大鴨郷・小鴨郷がある。

SB七一四二西南隅柱掘方

28-2
・□田末呂　不破評秦黒
・［　］　□

(148)×(13)×7

上下端ともに折損。右辺削り。左辺割れ。不破評は『和名抄』美濃国不破郡にあたる。田末呂・秦黒…の名を列記しており歴名木簡か。

第五一次調査

51-1

「<大花下」

96×18×5

下端はきれいに切断しているが、上端は裏から斜めに刃を入れて切断する。左右両辺ともに削り。上部左右に切り込みがあり、大きさや位置は不揃いである。表のほぼ中央に「大花下」とやや筆太に書く。大花下は大化五年(六四九)二月に定められ天智三年(六六四)二月まで施行された冠位十九階の第八階にあたり、木簡の年代もこの施行期間の中に収まると判断できる。

51-2

「<小山上」

66×18×4

四周削り。上端は表から刃を入れて折り取ったとみられ、下端は表裏両面から刃を入れて折り曲げて切断している。上部左右に切り込みがある。切り込みの深さは不揃いで右側が深い。表に「小山上」の三文字を墨色薄く書く。「上」字は右下がりに書く。小山上は大化五年に制定された冠位で天武十四年(六八五)一月まで施行された。

51-3

「□小乙下階」

58×23×7

上端および左右両辺は削りで、下端は表裏両面から刃を入れて切断する。表は平坦だが上部に凹みがある。裏はかなり荒れ厚さも均一でない。細筆の達筆で「小乙下階」と書かれ、その上にも横棒のような墨付きが認められる。小乙下は大化五年に制定された冠位で天武十四年(六八五)一月まで施行された。

51-4

「<〔小花ヵ〕

□□

(43)×12×3

上端は表裏から斜めに刃を入れて切断する。下端折損。上部左右に切り込みがある。

51-5

〔花ヵ〕

□上」

(52)×20×3

上端折損、下端は裏から斜めに刃を入れて折り取っている。左右両辺は削り。

51-6

大乙下階

(31)×(11)

削片で文字の右半分しか残存しないが、他の冠位の木簡から判読して「大乙下階」と釈読できる。上下には文字がなかった可能性が高く、冠位のみを記したものとみられる。大乙下は大化五年に制定された冠位で天武十四年(六八五)一月まで施行された。

51-7
乙

削片。これも冠位の一部か。　(40)×(18)

51-8
□□□乙

削片。二字目は人偏、三文字目は糸偏である。「乙」は追筆か。　(87)×(19)

51-9
・「＜白髪ア五十戸」
・「＜皷十口　　」　157×26×4

上端および左右両辺削り。上端は角をとって丸みを帯びるように整形される。下端は約六〇度の角度で右下がりとなり、裏から刃を入れて切断する。上部左右に切り込みがある。表二字目の「髪」は異体字で、空海撰高山寺本『篆隷万象名義』に類似したものがみえる。裏の「皷」は、岸俊男氏により皺（皺文革＝ヒキハダノカワ）とよむ第一案と、スキ。クハ（鉏・鍬）とよむ第二案が提示された（岸俊男『日本古代文物の研究』一九八七年）。現在では第二案が妥当とされる。「皷」字はスキを意味する「耜」と、スキ・クハを意味する「鈹」が合体したような字で、スキ・クハを指す。「白髪ア五十戸」は『和名抄』摂津国嶋上郡の真上郷、駿河国有度郡・常陸国真壁郡・上野国勢多郡・下野国河内郡・同芳賀郡・備中国都宇郡・同窪屋郡の真壁郷のいずれかに該当するとみられる。平城宮跡出土の備中国の荷札木簡（『平城宮木簡』1-312など）に鍬・鉄がみえ、天平二年（七三九）備中国大税負死亡人帳（『大日本古文書 2-251』）に窪屋郡白髪部郷がみえる。したがって「白髪部五十戸」は上記の真壁郷のうち備中国窪屋郡真壁郷にあたるとみてよい。

51-10
十戸鈹十口」　(81)×(17)×2

上部は折損、下端は両面から刃を入れて切断。右辺割れ、左辺削り。「十戸」の上は折れているが「五十戸」であろう。下三文字は判読が困難だが、赤外線画像により「鈹十口」と釈読できた。貢進物の「鈹」はスキ・クハで、十口という単位も51-9木簡と共通する。

51-11
〔アヵ〕
「＜□□□□□□」　103×23×4

上下端は削りで圭頭をなし、上部左右に切り込みがある。左辺の上部および下部は割れている。腐蝕が甚だしく判読は困難である。

51-12
「□□□□」　98×20×3

四周削りだが腐蝕が甚だしい。四文字ほどの墨痕が確認できるが判読できない。

51-13

吾

(35)×(9)

削片。「吾」と読めるが偏があるかもしれない。

51-14

⊔不足」

(36)×(12)

削片で、下端は原形をとどめる。

第一〇四次調査

104-1

□詔

(37)×(16)

七世紀の木簡における「詔」の用例は「二月廿九日詔小刀二口針二口」というものが飛鳥池遺跡出土木簡にあり（『飛鳥藤原京木簡』1-63）、この場合は単に上級者からの命令という意味に解釈できるが、第一〇四次調査出土木簡は皇族に関するものも多く、天皇の言葉・命令という意味で用いられているかもしれない。

104-2

夫前□

(51)×(17)

七世紀の文書木簡には「某大夫前白」の形式で始まるものが多くあり（143-4など）、この木簡もそれらの一つか。

104-3

「召舎人

(55)×(6)

木簡上端部の削片。「召」で書き始めることから舎人の召喚状とみられる。

104-4

急召

(42)×(10)

これも召喚状の一部か。

104-5
〔舎ヵ〕
□人宿侍　(75)×(16)

104-6
「辛巳年　(45)×(19)

上端は原型をとどめ、木簡上端の削片である。辛巳年は天武十年（六八一）にあたる。

104-7
「辛巳年　(54)×(15)

同じく「辛巳年」と書かれた木簡上端の削片である。104-6とは別の人物による筆である。

104-8
□年
〔巳ヵ〕　(55)×(21)

一字目は横画のみが残る。「巳」か。

104-9
乙　(16)×(12)

天武四年（六七五）が乙亥年である。

104-10
戊　(19)×(13)

天武七年（六七八）が戊寅年である。

104-11
戊　(20)×(9)

104-12
辛　(18)×(22)

天武十年（六八一）が辛巳年であり、天智十年（六七一）が辛未年である。

104-13
「辛　(31)×(14)

木簡上端部の削片。104-7と同筆とみられる。辛巳年か。

104-14
辛　(24)×(14)

104-15
辰　(26)×(15)

天武九年（六八〇）が庚辰年である。

104-16
未　(31)×(14)

天智十年（六七一）が辛未年、天武十二年（六八三）が癸未年である。

104-17
「大友　(72)×(19)

木簡上端部の削片。大友皇子は天智天皇の皇子で、母は伊賀采女宅子娘。太政大臣を経て皇位継承者となったが壬申の乱で敗北し、天武元年（六七二）七月に山前の地で自害した（『日本書紀』）。この木簡が記された時点では既に他界していたことになる。

104-18
□大津皇　(64)×(16)

大津皇子は天智二年（六六三）、天武天皇と大田皇女（天智天皇皇女で持統天皇の姉）との間に生まれ、同母姉に大来皇女がいる。天武十二年（六八三）二月、はじめて朝政を聴いた。朱鳥元年（六八六）十月に謀反の罪で捕らえられ、磐余訳語田の邸宅で自害した（『日本書紀』）。

104-19
〔大津皇ヵ〕
□□□　(67)×(21)

104-20
〔津皇ヵ〕
大□□　(58)×(24)

104-18とは書き手が異なる。

104-21
〔津皇子ヵ〕
□□□　(63)×(27)

104-22
津皇　(27)×(11)

104-23
皇子□
(71)×(9)

104-24
〔皇カ〕
□□
(29)×(16)

104-25
大来
(60)×(18)

大来皇女は天武天皇と大田皇女（天智天皇皇女）との間に生まれ、同母弟に大津皇子がいる。天武二年（六七三）に初代斎王に卜定され、翌年伊勢神宮に遣わされた（『日本書紀』）。『万葉集』には弟の大津皇子を追慕して詠んだ歌が六首収録されている。

104-26
太来
(73)×(19)

同じく大来皇女だが、104-25とは書き手が異なる。太は大と音が通じることから併用された。

104-27
阿直史友足
(104)×(17)

「阿直」は応神朝に百済から渡来した阿直岐の子孫である。フヒトの姓は八色の姓により改められて天武十二年（六八三）十月に「連」の姓になる（『日本書紀』）。したがってこの木簡の下限は天武十二年までとなるか。

104-28
〔生カ〕
□江臣
(29)×(11)

一字目は残画が横棒のみであるが、釈文のように推定した。

104-29
大伴子
(49)×(10)

104-30
鳥取連大
(61)×(17)

天武十二年（六八三）九月に鳥取造が連の姓を賜っている（『日本書紀』）ことから、この木簡の上限は天武十二年となる。

104-31
　　〔津麻呂カ〕
□ア臣□□□
(68)×(15)

104-32
連足
(31)×(7)

104-33
古麻
(22)×(9)

104-34
□□麻呂
(49)×(13)

104-35
□子首
(31)×(16)

同一人物とは断定できないが、天武十年(六八一)三月に帝紀および上古諸事の記定を命じられた人物の中に平群臣子首がいる。平群子首は中臣大嶋とともに自ら筆を執り編纂にあたった(『日本書紀』)。

104-36
「伊勢国
(46)×(15)

木簡上端部の削片。伊勢国は東海道に属する国で、伊勢神宮の所在地であるほか壬申の乱の舞台ともなっており、天武朝において重要な地域であった。

104-37
明評
(26)×(13)

『和名抄』伊勢国朝明郡にあたる。天武元年(六七二)六月に朝明郡の迹太川のほとりで大海人皇子が天照大神を望拝した(『日本書紀』)。

104-38
尾張
(24)×(12)

尾張国名を記載した削片。尾張国は東海道に属する。天武元年(六七二)六月、壬申の乱で尾張国司守小子部連鉏鉤が二万の衆を率いて天武側に加わった。天武五年(六七六)九月には新嘗祭の斎忌国に尾張国山田郡が卜定された(『日本書紀』)。

104-39
「近淡
(24)×(8)

木簡上端部の削片。「近淡」は近淡海国のことで、近江国にあたる。近江国は天智朝に近江大津宮が置かれ、壬申の乱の舞台にもなった。

104-40
大乙下□
(84)×(13)

「大乙下」は大化五年(六四九)二月から天武十四年(六八五)正月まで施行された冠位であり(『日本書紀』)、この木簡の下限も天武十四年までとなる。

104-41
□小乙下　(34)×(11)

同じく「小乙下」も大化五年（六四九）二月から天武十四年（六八五）正月まで施行された冠位である。

104-42
「観世音　(47)×(20)

木簡上端部の削片。天智天皇が母斉明天皇追善供養のために創建した（『続日本紀』和銅二年二月戊子朔条）とされる観世音寺が筑前国にあり、『日本書紀』朱鳥元年（六八六）の記事には観世音像・観世音経がみえる。

104-43
〔若ヵ〕
観□　(29)×(15)

104-44
「観　(21)×(16)

木簡上端部の削片。

104-45
川原　(40)×(14)

下に続く文字が不明であるため断定できないが、飛鳥川を挟んで飛鳥宮の対岸に川原寺がある。『日本書紀』によると、川原寺は飛鳥四大寺（飛鳥寺・薬師寺・大官大寺と川原寺）の一つで、天智朝に創建された。天武二年（六七三）三月に川原寺で一切経書写が行なわれるなど、天武紀に度々みえている。また天武十三年（六八四）十月には川原連加尼という人物が小使として耽羅に派遣されている。

104-46
小寒　(24)×(8)

「小寒」は二十四節気の第二十三で十二月節。

104-47
〔借馬ヵ〕
□□　(40)×(43)

104-48
朔夜□　(51)×(25)

104-49
月月月□　(150)×(15)

104-50 〔閏月月ヵ〕
□□□　(139)×(7)×4
閏月に関わる木簡で、辛巳年（天武十年）の場合には閏七月がある。

104-51 □廿五五月月□　(140)×(20)

104-52 月　(20)×(21)

104-53 □月□之　(61)×(13)

104-54 月　(28)×(12)

104-55 閏　(37)×(12)

104-56 潤月潤　(53)×(15)

104-57 閏　(14)×(9)

104-58 □為□　(39)×(15)

104-59 □為
□□」　(46)×(15)
木簡下端部の削片。104-58と同筆か。

104-60 為　(31)×(11)

104-61 〔為ヵ〕
□之

104-62 「為

木簡上端部の削片。

(62)×(14)

(25)×(10)

104-63 為

(18)×(9)

104-64 為

(18)×(9)

104-65 〔友友カ〕□□

(24)×(8)

習書の削片。「友」の習書は以下のように複数の削片があり、文字の違いから書き手は二人以上存在するとみられる。

104-66 友友友友友

(70)×(16)

104-67 〔友カ〕□

(18)×(6)

104-68 友友

(57)×(8)

104-69 「友友友友友友

木簡上端部の削片。

(129)×(21)

104-70 友友於友□□〔友カ〕

(83)×(18)

104-71 友友友心心

(82.5)×(20)

104-72

友友友

(34)×(16)

104-73
「心心

木簡上端部の習書削片。

(34)×(16)

104-74
心□

(34)×(16)

104-75
〔心カ〕
□□□

(57)×(13)

104-76
心心

(19)×(7)

104-77
飢

(20)×(15)

104-78
飢□

(55)×(10)

104-79
餼飢飢餼

(99)×(17)

104-80
食食

食偏を繰り返し書いた習書の削片。

(81)×(8)

104-81
食

これも食偏である。

(39)×(10)

104-82
〔論語論カ〕
□□□

(48)×(4)

「論語」を記したとみられる習書の削片。『論語』は各地から論語木簡が出土している。

104-83 〔論論語ヵ〕
□□□
(40)×(4)

104-84 言言
(29)×(4)
削片で、言偏を連続して記す。104-82・104-83と同様に「論語」を記したか。

104-85 「言
(16)×(13)
木簡上端部の削片。言偏の一部である。

104-86 天
(26)×(9)

104-87 天天
(37)×(11)

104-88 「天
(23)×(11)
木簡上端部の削片。104-91までは文字や材が似ており、同一木簡かもしれない。

104-89 天夫夫天天□
(90.5)×11

104-90 □夫
(23)×(11)

104-91 □天天
(37)×(11)

104-92 □史史
(46)×(12)

104-93 □史
(39)×(14)

104-94
龍龍龍
(77)×(22)

104-95
龍龍□
(63)×(22)

104-96
臣臣
(77)×(14)

104-97
臣臣
(31)×(12)

104-98
大大人人
(86)×(15)

104-99
□子子
(45)×(15)

104-100
勝勝
(67)×(22)

104-101
〔勝カ〕
□
(26)×(10)

104-102
□識識
(64)×(21)

104-103
□也也
(62)×(17)

104-104
也也
(43)×(9)

104-105
〔甚甚カ〕
□□
(69)×(12)

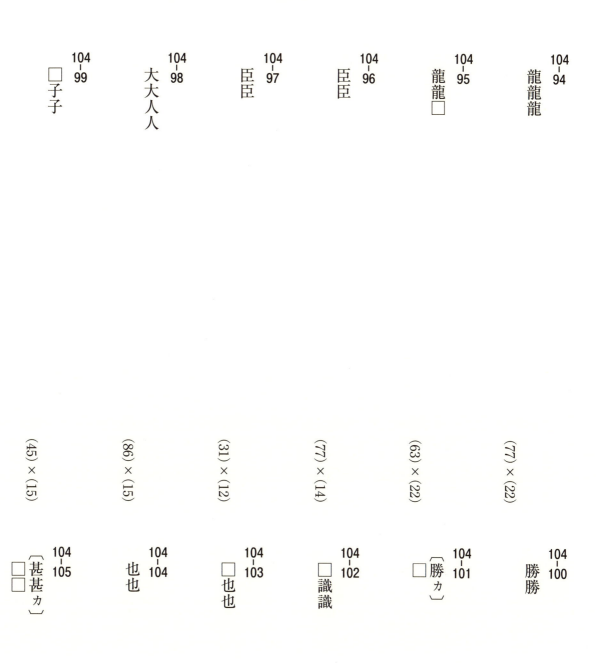

104-106
筆筆
(61)×(15)

104-107
□東東東
(78)×(15)

104-108
道道年
(113)×(23)

104-109
□〔是カ〕是□
(49)×(21)

104-110
□〔左カ〕界
(31)×(16)

104-111
取上下
(60)×(8)

104-112
「□〔昔カ〕有畏俗生
(71)×(15)
木簡上端部の削片。

104-113
懸耳声
(182)×(14)

104-114
足下
(69)×(17.5)

104-115
□黒鳥□□
(80)×(9)

104-116
□〔過カ〕　機□□□
(89)×(19.5)

104-117
使□

104-118 春□ (31)×(22.5)

104-119 〔悪カ〕□ (22)×(11)

104-120 野 (37)×(25)

104-121 所 (31)×(12.5)

104-122 縣 (28)×(15)

104-123 「献 (32)×(13)

104-124 其□ (36)×(21)
木簡上端部の削片。

104-125 智□ (24)×(13)

104-126 身 (70)×(14)

104-127 身 (54)×(15)

104-128 身 (37)×(18)

(37)×(10)

104-129
風□
(28)×(11)

104-130
誠
(48)×(8)

104-131
〔前カ〕
□
(59)×(33)

104-132
「前□
木簡上端部の削片。
(37)×(10)

104-133
□後□
(25)×(11)

104-134
国
(26.5)×(15)

104-135
□国
(32)×(12)

104-136
厨□
(30)×(13)

104-137
米
(31)×(12)

104-138
〔毎カ〕
□
(23)×(7)

104-139
吏
(29)×(14)

104-140
大
(19)×(9)

104-141
宮
(14)×(7)

104-142
嶋□
(28)×(12)

104-143
□太□
(38)×(16)

104-144
□首
(45)×(15)

104-145
〔合ヵ〕
□□
(12)×(7)

104-146
□嶋
(21)×(9)

104-147
〔嶋ヵ〕
□□
(38)×(12)

104-148
□台□
(51)×(15)

104-149
□之　□□
(95)×(8)

104-150
「□
城
(23)×(36.5)
木簡上端部の削片。

104-151
□子□
(49)×(13)

104-152
□射

104-153
□日□
(39)×(17.5)
(23)×(9)

104-154
□連□
(40)×(12)

104-155
□□子
(48.5)×(14)

104-156
〔買カ〕□□□
(72)×(23)

104-157
・上下
・□
(19)×(10)

104-158
・□言□□
・□□
表の二字目は言偏である。
(56)×(8)

104-159
・□□□
・黄
(59)×(16)

第一一一次調査

石列SX八六〇五

111-1

「□　」
秦人ア□

(65)×(11)

四周のいずれも折れ・割れで原形をとどめない。墨書は二行にわたり、上部は一文字分の余白がある。右行は文字の左端がわずかに残るのみである。秦人部は出土木簡に限っても丹波・若狭・美作・備前・阿波と広範囲にわたり、全国に広く分布している。

植物質堆積SX八六〇二

111-2

「□　□」

(49)×(17)

下端および左辺は原形をとどめる。二文字分の墨痕があるが薄く判読できない。

111-3

□

(21)×(12)

削片。文字の下半部は「心」か。

第一二九次調査

129-1

・□□御□□　□〔新ヵ〕□了
・□　之□□□由

(161)×(8)×5

上端・下端折れ、左辺・右辺割れ。上端および裏の一部が焼損する。両面に墨痕があり、文書木簡とみられるが内容は不明である。

第一三一次調査

131-1

・「丁丑年四月生六日　…　□等　□〔了カ〕」(刻書)

・「即了□其□□〔切工カ〕　…　巳」(刻書)

(185＋177)×26×3

四周削り。二辺に折れ、中間部分は残存せず直接には接続しないが、上端・下端は原形をとどめており、短冊形となる。墨書ではなく、刀子の先や釘先、千枚通しのような鋭利なもので文字を刻む刻書木簡である。冒頭に記される「丁丑年」は天武六年(六七七)にあたる。「月生」はツキタチテとよみ、法隆寺献納四十八体仏銘文や伊場遺跡出土木簡、『日本書紀』天智十年十一月癸卯条などにみえ七世紀のものに多い。裏には「切工」と読めそうな文字もあり、金属加工などに従事した工人と解釈すれば、刻書であることと結びつくかもしれない。

131-2

・「<川奈五□〔十カ〕戸煮一籠十八列」

・「<二節□〔廿カ〕五斤　」

166×21×2

中央やや上寄りで上下二片に分離する。四周削り。上部左右に切り込みがある。「川奈五十戸」は『和名抄』駿河国廬原郡河名郷に該当する。「煮」は煮堅魚か。裏三字目は、煮堅魚の一般的な貢進量は二五斤であるので(賦役令調絹絁条)、「廿」であろう。「一籠」は容器、「十八列二節」は員数、「廿五斤」は重量を示す。

131-3

「<无耶志国仲評中里布奈大贄一斗五升」

上下両端および右辺削り。左辺は約三分の一が割れ。上部右側に三角形の切り込みがある。「无耶志国仲評中里」は『和名抄』武蔵国那珂郡那珂郷に該当する。「无耶志」の表記は藤原宮木簡にもみえる。また別の表記として、『先代旧事本紀』国造本紀・『高橋氏文』に「无邪志」、『古事記』神代に「無邪志」がある。「布奈」は鮒。

131-4

・「碓日評　□大□〔丁カ〕少丁」

・「鹿　支多比　」

97×20×5

四周削り。上下両端は緩やかな圭頭形。「碓日評」は『和名抄』上野国碓氷郡に該当する。「大丁」は、その下が「少丁」であるので、「大丁」とみてよい。「鹿支多比」(腊)は鹿の乾肉のことで、平城宮跡出土の上野国緑野郡小野郷の荷札木簡に「中男作物鹿腊代雑」の例がある(『平城宮木簡』2-2781)。

131-5

・「∨佐為評

・「∨一斗

(60)×19×3

上端および左右両辺削り、下端折れ。右辺上部は欠損する。上部左に小さく切り込みがある。「佐為評」は『和名抄』上野国佐位郡にあたる。裏に「一斗」と記されるが品目は不明である。

131-6

・「∨奈須評　」

・「∨□□□一斗」

182×21×6

四周削り。上端はやや左上がりで、右角を削り落とす。下端は裏側を面取りする。上部左右に三角形の切り込みがある。「奈須評」は『和名抄』下野国那須郡に該当する。「奈須」は正倉院宝物胡禄納箭幹刻文にもみえる（東野治之「正倉院武器中の下野国箭刻名について」『日本古代木簡の研究』一九八三年）。裏に「一斗」と記されるが品目は不明である。

131-7

「∨

野五十戸

秦勝黒□〔閇カ〕∨

又椋人二人并二斗　」

152×28×5

四周削り。上端はややまるく削る。上部左右・下部左側に三角形の切り込みがある。下端右側は斜めに削られる（二次的整形であろう）。「野五十戸」は『和名抄』若狭国遠敷郡野里郷に該当する。「秦勝」は若狭国では三方郡弥美郷の木簡にもみえる。品目・税目を記していないが調塩か。

131-8

「∨

三形評 ○

三形五十戸生ア乎知　∨

調田比煮一斗五升　」

153×24×5

四周削り。下端は表側を面取りする。上下の左右に切り込みがあり、上部右・下部左は三角形、下部右は台形である。材のほぼ中央に穿孔がある。「三形評三形五十戸」は『和名抄』若狭国三方郡三方郷に該当する。「三方」表記が一般的で「三形」表記はこの木簡のみである。「生ア」は壬生部で三方郡弥美郷の木簡にもみえる。「田比」は鯛。

131-9
・「<多具万五十戸」
・「<凡人久□□　」
154×22×3

四周削り。上部左右に切り込みがある。「多具万五十戸」は『和名抄』伊予国濃満郡宅万郷に該当する。「凡人」は、凡人部が飛鳥池遺跡出土木簡(『飛鳥藤原京木簡』1-109)にみえ、凡直が天平八年(七三六)度伊予国正税出挙帳(『大日本古文書』2-5頁)、『続日本紀』天平勝宝元年(七四九)五月戊寅条、同神護景雲元年(七六七)一〇月癸巳条にみえる。

131-10
・五十戸　」
・知 佐祁
　一斗五升」
(54)×28×4

下端・左右両辺削り、上端折れ。「知」は貢進者名の一部か。「佐祁」は「一斗五升」の貢進量から鮭とみられる。『延書式』主計上・内膳司には鮭の貢進国として、信濃・若狭・越前・越中・越後・丹波・丹後・但馬・因幡国がみえる。

131-11
・「伊具比□□□□　<」
・「［　　　］<」
112×29×4

四周削り。下部左右に切り込みがある。墨痕は極めて薄い。「伊具比」は「伊久比」とも書き(『出雲国風土記』意字・出雲・神門郡条)、川魚のウグイのこと。裏にも墨痕が認められるが判読できない。

131-12
「<癸巳年□
(90)×(20)×3

上端・右辺削り、下端折れ、左辺割れ。上部右側に三角形の切り込みがある。「癸巳年」は持統七年(六九三)で、SD九二〇五が持統八年(六九四)の藤原遷都直前まで機能したことを示す。

131-13
諸人秦人若末呂三斗」
(123)×21×4

下端・左右両辺削り、上端折れ。貢進者は二人で、貢進物は塩であろう。

131-14
・戸
・前
(55)×25×4

上下端は斜めに切断される。左右両辺削り。

131-15
〔左ヵ〕
□部主寸得安　□
(94)×(7)

削片。「主寸」は村主のことで、漢人氏族の姓。村主の姓は天武十三年

（六八四）の八色姓の施行により制度上廃止された。しかし、その後も賜姓の対象とならなかった者は旧来の姓を称した。

131-16
三枝　(30)×(3)

削片。三枝部か。

第一四三次調査

Ⅱ—1トレンチ　南池ＳＧ九八〇一

143-1
・□□　多支五十戸　伊久□
　□　□知五十戸
　□□□
　〔伊伎ヵ〕
・（大・知々など多くの習書あり）　(173)×(47)×3

右辺割れ。左辺は上下ともに二次的加工（削り）。五十戸名を列記した木簡。二次的加工を受け、異筆による習書もなされている。

143-2
「長□　(29)×25×10

上端・左右両辺削り。下端折れ、側面からの穿孔がみられる。

Ⅱ—1トレンチ　北池ＳＧ〇〇〇一

143-3
・「奉
・「□［　　］　(244)×25×5

上端・左右両辺削り、右辺下半は二次的加工。下端折れ。

Ⅲ―5トレンチ　水路SD〇〇一三

143-4

・「大夫前恐万段頓首白　□〔僕カ〕真乎今日国」
・「下行故道間米无寵命坐整賜　　」

293×31×6

四周削り。国へ下向する道中の米を請求した文書木簡。「大夫の前に恐み万段頓首して白す。僕真乎、今日国に下り行く故、道の間の米なし。寵命に坐せ整へ賜へ」と読む。

143-5

・　□病齊下甚寒
・薬師等薬酒食教豉酒

(244)×42×4

上下両端折れ。左右両辺削り。「病みて臍の下甚だ寒し」「薬師ら薬酒食せと教る。豉酒…」と読み下す。豉は大豆を発酵させたもので、酒に漬し薬として用いられた。

143-6

・「　　　⌈　　⌋
　丙寅年　　廿一日□□□□」
・「十八日子古鮑一列勅人奈□
　十九日寅古鮑三井上□□〔女カ〕」

162×35×5

四周削り。冒頭の丙寅年は天智五年（六六六）で、宮を飛鳥から近江に遷す前年である。古鮑の出納を日々記録したもの。

143-7

「加ツ麻□十　波々支道花六
　加庖四　　□草二　知々□
　□□三　　五百木□〔マカ〕四

(165)×(39)×5

上端・右辺削り。下端折れ。左辺割れ。植物名と数量を列記した記録木簡。

143-8

・「都□〔油カ〕加　石□□」
・「史□⌈　⌋二人」（重ねて刻書あり）

162×23×4

四周削り。

143-9

・「<坂田評歌里人錦織
・「<主寸大分

(151)×18×3

上端・左右両辺削り。下端折れ、左右から削り尖らせる。上部左右に切込みがある。坂田評は『和名抄』近江国坂田郡にあたるが、歌里はみえない。

143-10

「∨□佐評椋椅マ∨」　102×34×4

四周削り。上端左および下端右は二次的加工。上下両端の左右に切込みがある。『和名抄』丹後国加佐郡椋橋郷か。

143-11

・∨三□五十戸」

・∨秦　□□俵」　(157)×19×3

上端折れ。左右両辺および下端削り。上部左角に切込みの削りあり。表二字目は「只」の字形であるが、「尺」かもしれない。

143-12

・「∨［

・「∨丈マ小止〔支カ〕□□□□　］」　(121)×23×4

上端・左右両辺削り。下端折れ。上部の左右に切込みがある。

143-13

・「∨高屋郎女」

・「∨蝮女□〔非カ〕王」　106×14×4

四周削り。右辺の一部が欠損する。上部の左右に切込みがある。

143-14

「∨委佐俾三升∨」　81×14×3

四周削り。上下の左右に切込みがある。「委佐俾」と表記したワサビの付札。

143-15

「∨五石八斗」　123×21×4

四周削り。上部の左右に切込みがある。数量を記すのみの付札木簡であるが、五石八斗は五斗八升の一〇倍であり養米に関わるか。

143-16

「∨中衣□〔四カ〕□」　100×10×3

四周削り。下端は表裏両面より削る。上部の左右に切込みがある。

143-17

「∨月」　51×13×3

四周削り。上部の左右に切込みがある小型の付札。

143-18

・「∨三〔刻書〕

・「∨□〔下カ〕〔刻書〕

上端および右辺削り。左辺割れ、下端折れ。上部の右に切込みがある。　(36)×(11)×3

143-19

・「于官　干□□〔官カ〕　波ツ□〔閇カ〕

・「□□　□□□

上端および左右両辺削り。下端折れ。下端右は二次的切断。「干官」はカシワデノツカサ（膳職）のことか。法隆寺釈迦三尊像光背銘文では膳部菩岐々美郎女を「干食王后」と表記し、正倉院文書にも仕丁のカシワデを干と記す例がある。　(181)×31×3

143-20

日下マ真□〔次カ〕人
大伯マ□□〔多初カ〕

上端切断。板材より割き取ったものか。　(161)×35×3

143-21

「山田肆二□〔束カ〕

上端削り。左右両辺割れ、下端折れ。　(71)×(22)×4

143-22

百七束」

上端折れ。左右両辺削り、下端切り折り。　(126)×25×4

143-23

并十二」

上端折れ。左右両辺×下端削り。　(200)×18×5

143-24

「伯女」

四周削り。小型の札であるが用途は不明。　35×12×4

143-25

「有□□
嶋官　□

(142)×(60)×7

上端削り、下端折れ。左右両辺割れ。木製品の部材に墨書したもの。嶋官は苑池を管理した役所名であろうか。

143-26
宿祢三留末呂　(103)×(10)×4
上下両端折れ、左辺割れ。右辺削り。

143-27
・「□之之此□
　□　」
・「□　□□□」　110×(21)×2
上端削り。左辺下半削り。右辺割れ。下端は二次的加工。

143-28
北一言知□□□　125×14
削片。

第一四五次調査

Ⅲ―1トレンチ　南池SG九八〇一

145-1
・大山下
・『□□□□□』〔太カ〕　(55)×(12)×2
上端削り。右辺割れ。下端折れ。大山下は天智三年(六六四)から天武十四年(六八五)まで施行された冠位。

145-2
佐留陀首□夫」　(122)×25×4
上端折れ。左右両辺×下端削り。

145-3
〔俵カ〕□□　(47)×38×6
上下両端折れ。左右両辺削り。

145-4
〔須カ〕□利□

上下両端折れ、左右両辺割れ。　(40)×(13)×3

145-5

・□□□〔薬カ〕□□□

・□□□□□

上下両端折れ、左右両辺割れ。　(133)×(12)×4

第一四七次調査

Ⅳ—1トレンチ　水路SD〇〇一三

147-1

「造酒司解伴造廿六人　(141)×19×5

上端および左右両辺削り。下端折れ。造酒司が伴造二六人に関する報告を宮内省に対して行なった木簡。「解」の文書形式や「造酒司」の官司名から大宝律令施行後のものとみられる。この木簡は宮内省に宛てられたものであるが、当時の宮内省は藤原宮にあったはずである。この木簡は藤原宮の宮内省から、飛鳥で活動していた造酒司(の一部)に戻されたものであろう。伴造は造酒司に属する酒部のことで、酒酢の醸造や節会での酌、神事での献酒を職掌とした。

147-2

「□□三分亡肖三分□
〔松カ〕□羅□□斤□□□　(178)×28×2

上端および左右両辺削り。下端折れ。「亡肖(芒硝)」、「松羅」はいずれも薬物名である。松羅はナガサルオガセ(長猿尾枷)。漢方薬の配合成分を記載した木簡の一部である。

147-3

・「十取　廿取　卅取　□

・「五□六七□□十一十二□」

(142)×25×3

上端および左右両辺削り（一部割れあり）。下端折れ。

147-4

・「猪名ア評宮」

・「政人野寸□
〔主ヵ〕」

(61)×21×6

上端および左右両辺削り。左右両辺の下半は割れ。下端折れ。『和名抄』伊勢国員弁郡美耶郷にあたる。

147-5

・「安怒評片縣里人田邊」

・「汙沙之『又宮守』『物ア己□
二人知』」

151×25×4

四周削り。左辺上半三分の二は割れ。『和名抄』伊勢国安濃郡片縣郷にあたる。裏面は二度に分けて人名をそれぞれ別筆で追記する。貢進者は汙沙之と宮守の二名で、それらを物部己□が勘検したか。

147-6

・「戊子年四月三野国加毛評」

・「度里石ア加奈見六斗」

181×22×5

四周削り。表は墨痕が薄いが赤外線装置により釈読できた。戊子年は持統二年（六八八）。『和名抄』美濃国賀茂郡曰理郷にあたる。養米荷札か。

147-7

「井手五十戸刑ア赤井白米」

160×18×5

四周削り。井手五十戸は『和名抄』出羽国飽海郡・越前国足羽郡・加賀国石川郡に井手郷、上野国群馬郡・伊予国周敷郡に井出郷、相模国高座郡に渭提郷がある。また大治五年（一一三〇）の大神宮司庁宣案（『平安遺文』2168）には伊勢国飯野郡井手郷がみえる。

147-8

・「∨□　□評丹生」

・「∨□　□ア」

(83)×21×5

上端および左右両辺削り。下端折れ。上部の左右に切込みがある。

147-9

・「∨丙子年六」

・「∨見□□□」

(76)×(24)×4

上端および左右両辺削り。下端折れ。上部の左右に切込みがある。丙子年は天武五年（六七六）。

147-10

・「許刄主寸可□□〔布知カ〕」

・「　俵　　」

上端切り折り。左右両辺および下端削り。下端は左右から削り尖らせる。　114×26×5

147-11

「<生海松」

四周削り。上部の左右に切込みがある。海松はミル（海藻）。　84×17×4

147-12

「<阿支奈勢□□」

四周削り。上部の左右に切込みがある。　112×30×4

147-13

「<佐□□王」

四周削り。上部の左右に切込みがある。　116×16×4

147-14

・「春春春春春春」（他にも習書あり）

・「□□　　」（他にも習書あり）

上下両端削り。左右両辺割れは原型であり未調整のまま。　222×27×5

147-15

〔座カ〕
□乎　下
徳徳天之下□
　□□

上端切断。右辺削り、左辺割れ。下端折れ。　(124)×(49)×3

147-16

・□登　天　□
　□　人　□

・□　□□委□　□
　　□□□□

上端折れ。左右両辺割れ。下端切断。　(166)×(13)×4

147-17

・「□高侍連千足三処

・「□□□□国□□□

上端および左右両辺削り。下端折れ。　(176)×22×4

Ⅳ―2トレンチ　水路SD〇〇一三

147-18

・「西州続命湯方　麻黄□〔六ヵ〕　石膏二両

（他に石・命・方の刻書あり）

・「當帰二両　杏人卌枚　乾薑三両『其□〔升ヵ〕水九□□』

(215)×40×3

上端および左右両辺削り。下端折れ。西州続命湯は中風（脳卒中により生じる半身不随や麻痺）の治療に用いられた漢方薬で、孫思邈『千金要方』（六五〇年代成立）や王燾『外台秘要方』（七五二年成立）にみえる。木簡に記された成分の構成は『千金要方』に記載されるものに近いが、『外台秘要方』に引用される中国南北朝時代の医方書などにもみえることから古くより用いられたらしい。

147-19

・「戊寅年十二月尾張海評津嶋五十戸」

・「韓人ア田根〔春〕春赤米斗加支各田ア金」

234×35×6

四周削り。上端の左右両角は削られ、下端も同様の調整がみられる。戊寅年は天武七年（六七八）。『和名抄』尾張国海部郡にあたるが、津嶋の郷名はみえない。しかし現在も愛知県津島市として地名が遺る。「各田ア」は額田部。「斗加支」とは枡を均して正確に計量する棒のことで、養老関市令15には概（トカキ）を使用すべき規定がある。この木簡の場合は額田部金がトカキを行なったという意味であろう。十二月の貢進であることから、赤米は正月節日用の糯米（モチゴメ）とする見解がある。（吉川真司「税の貢進」『文字と古代日本3』二〇〇五年）

147-20

・「尾治国春ア評池田里　」

・「三家人ア□□米六斗入」

173×26×4

四周削り。下半は細片に分かれる。『和名抄』尾張国春部郡池田郷にあたる。養米荷札か。

147-21

・「遠水海国長田評五十戸　」

・「匹□〔沼ヵ〕五十戸□□〔野具ヵ〕ツ□五斗」

180×22×4

上端・左右両辺削り。下端は切断のまま。『和名抄』遠江国長上郡蟾沼郷にあたる。長田郡は和銅二年（七〇九）に上下に分割された（『続日本紀』）。遠江国を「遠水海国」と表記する例は他にないが、『旧事本紀』では「遠淡海国造」とある。また近江国を「近水海」と表記する例は、藤原京左京七条一坊西南坪出土木簡（『飛鳥藤原京木簡』2-1505）、石神遺跡第一五次調査出土木簡などがあるほか、『令集解』戸令22古記は近江を「水海」とする。

147-22

「∨三野国安八麻評」　126×23×4

四周削り。下端はやや丸みを帯びる。上部の左右に小さな切込みがある。『和名抄』美濃国安八郡にあたる。『日本書紀』によれば大海人皇子の湯木邑(東宮の食封)が置かれた(天武元年六月壬午条)。

147-23

「高志国利浪評　」
「ツ非野五十戸速鳥」　114×(18)×6

上端・左辺および下端削り。右辺割れ。上端は山形を呈する。「高志国」は、越前・越中・越後に分割される前の国名である。『和名抄』越中国砺波郡にあたる。ツ非野五十戸は未詳。裏の七字目は「速」を「造」と釈読する案もあるが、縦画が貫いており「速」と判断した。

147-24

・「播磨国明伊川里五戸海直恵万呂」
・「俵一斛　行司春米玉丑　」　156×31×6

四周削り。上下端はともに左右を削り尖らせている。「明」は「明評」か。『和名抄』播磨国明石郡にあたる。伊川里は他にみえないが、神戸市西区伊川谷町の地名が遺り、明石川の支流に伊川がある。舂米荷札。

147-25

・「∨大伯郡土師里土師」
・「∨寅米一石　」　111×28×3

四周削り。上端は山形を呈し、上部左右に切込みがある。「郡」とあるので大宝令施行後の木簡である。『和名抄』備前国邑久郡土師郷にあたる。

147-26

「∨山田評□□」　137×21×3

四周削り。上部の左右に切込みがある。下端は左右から削り尖らせる。『和名抄』伊賀・尾張・上野・讃岐国に山田郡がみえる。

147-27

「∨前軍布∨」　81×21×6

四周削り。上下の左右に切込みがある。「前」は藤原宮木簡にみえる「海評前里」および平城宮木簡にみえる「隠伎国海マ郡佐吉郷」のことで、『和名抄』隠岐国海部郡の地名。軍布はワカメ。

147-28

・「大𧘔費○直伊多
・「大𧘔費○直伊多　(138)×29×3

上端・左右両辺削り。下端折れ。上端は山形を呈する。中央部分（費と直の間）に穿孔がある。費直は「あたい」で隅田八幡宮人物画像鏡銘文に「開中費直穢人」とみえ、元興寺塔露盤銘にも「山東漢大費直」とみえる。『日本書紀』欽明二年七月条所引の『百済本紀』にも「加不至費直」とある。費・直はいずれも「アタヒ」と読むが、『続日本紀』神護景雲元年三月乙丑条には、庚午年籍作成の時に直と書くべきところを誤って費と記入され、後に訂正を求めたこともみえており、費が古い用法であったらしい。

調査次数	調査地	調査期間	出土遺構	出土点数	概要	文献
第10次	岡 322・315・316	昭和41年12月～42年3月	ＳＤ 5905・6605、下層整地土層	160	内郭北隣接地の調査。石組溝検出。Ⅰ期遺構を確認。	『飛鳥京跡二』
第28次	飛鳥 82	昭和46年度	ＲＷ 7170 上方、ＳＢ 7142 柱掘形	2	内郭と飛鳥寺の中間地域の調査。木樋出土。	「概報」昭和 46 年度
第51次	岡 340-1	昭和51年1月～4月	ＳＸ 7501	27	外郭の東を区画する塀の東雨落溝検出。木簡は下層から出土。	「概報」昭和 50・51 年度
第104次	岡 340-5	昭和60年3月	ＳＸ 8410	1082	外郭の東を区画する塀の東雨落溝検出。木簡は外側から出土。	「概報」1984 年度
第111次	岡 354	昭和61年7月～9月	ＳＸ 8605、ＳＸ 8602	3	東外郭の調査。バラス敷検出。下層遺構より木簡出土。	「概報」1987 年度
第129次	岡 294・295・297	平成5年1月～3月	ＳＤ 9205	1	内郭と飛鳥寺の中間地域の調査。建物・区画塀・石組溝検出。	「概報」1993 年度
第131次	岡 294・295・297	平成7年2月～5月	ＳＤ 9205	89	内郭と飛鳥寺の中間地域の調査。第 129 次の隣接地。建物・区画塀・石組溝検出。	「概報」1995 年度
第143次	岡字ゴミタ 159・161・163、出水 167・168、林 172・173、井手ノ上 236-1	平成12年11月～13年4月	ＳＧ 9801、ＳＧ 0001、ＳＤ 0013	72	苑池遺構の第 2 次調査。渡堤、石組水路検出。	『飛鳥京跡Ｖ』
第145次	岡字出水 166・169、ゴミタ 164、165	平成13年5月～8月	ＳＧ 9801	10	苑池遺構の第 3 次調査。渡堤、中島検出。	『飛鳥京跡Ｖ』
第147次	岡字林 177・178、西フケ 180・181・182・183-1	平成13年11月～14年2月	ＳＤ 0013	90	苑池遺構の第 4 次調査。石組水路検出。	『飛鳥京跡Ｖ』

表１　木簡出土調査一覧

第Ⅲ章　考察

第一節　飛鳥宮跡出土木簡の概要

飛鳥宮跡の発掘調査では比較的早い段階から木簡が出土している（表1）。第一〇次調査で飛鳥宮跡最初の木簡が出土し、その後、第二八次調査、第五一次調査、第一〇四次調査、第一一一次調査、第一二九次調査、第一三一次調査などでも木簡が出土した。飛鳥京跡苑池の調査では北池や水路部分から木簡が出土している。

出土した木簡の年代は七世紀後半（天武・持統朝）が中心であるが、斉明朝以前に遡る可能性のもの（第一〇次出土の一部、第五一次）、飛鳥京跡苑池から出土した天智朝のもの（143-6）も含まれている。いずれも七世紀の宮殿遺構にともなうものであるが、それぞれ出土地点が時期や性格を異にするため、一括史料として扱うことはできない。ここでは調査ごとに出土木簡の特色と意義について論じることとする（木簡の個別の内容については第二章参照）。

第一〇次調査出土木簡は、昭和四十一年に飛鳥宮跡で初めてみつかった木簡で、同じ頃に出土した藤原宮木簡より古い時期であることから出土当時注目を集めた。木簡は出土状況からみて二つの時期のものがあり、Ⅲ期遺構に伴うものとそれに先行する整地土層に伴うものに分かれる。

「横見評」（10-21）「朝臣」（10-22）と解読出来そうな木簡は前者に属し天武朝頃とみられ、部姓を列記した木簡（10-1）や部姓の人名＋錦＋等級を記載した付札（10-4～9）などは後者に属し、Ⅲ期遺構造営直前の時期とみられる。この調査が行なわれた時点ではまだ飛鳥宮跡の全体像を把握できる段階ではなく、遺構の年代決定や宮名比定もまだこれからという状況にあった。しかしながら、遺構が七世紀後半の広い時期に継続的に存続したことが明らかになるとともに、飛鳥宮跡からも木簡が出土するということにより、その後の調査に大きな期待を持つことができた。

第二八次調査では、評制下の歴名木簡が出土した。出土地点は内郭と離れた区域であり、遺構の内容も複雑で不明な点が多い。近年の調査では、この付近（飛鳥寺に接する部分）まで砂利敷きや掘立柱建物、石組み溝がみつかっていることから、北方域の広い範囲に飛鳥宮に関連する施設が展開したとみられ、第二八次調査出土木簡もこれに関するものであろう。

第五一次調査では「大花下」の冠位を記載した付札（51-1）が出土した。官位の施行時期が大化五年（六四九）二月から天智三年（六六四）に限られることから、この調査で一括して出土した木簡も同様に大化改新後まもない時期のものとみられ、飛鳥宮跡Ⅲ期遺構造営直前、すなわち飛鳥板蓋宮の時期に遡ると考えられる。木簡の年代が限定されることの意義は大きく、共伴して出土した「白髪部五十戸」の貢進物付札（51-9）は、「里」ではなく「五十戸」と表記されるものの「サト」の意味であり、Ⅲ期遺構の造営された六五〇年代中頃に五十戸一里制のような制度が実施されたことを示している。この木簡の出土は「凡て五十戸を里とす」とある『日本書紀』大化二年正月の「改新之詔」の信憑性を高めるものとなり、大化改新の評価に大きな影響を与える史料となった（岸俊男『日本古代文物の研究』一九八八年）。

第一〇四次調査では「大津皇子」（104-18）「大友」（104-17）「大来」（104-25・26）「辛巳年」（104-6・7）「伊勢国」（104-36）「尾張」（104-38）などと書かれた木簡削片が土坑状遺構に圧縮された状態で出土した。記載内容には壬申の乱に関わる人名や地名が多くみられ、歴史書編纂に関わる部署からの廃棄とも考えられる。辛巳年（天武十年＝六八一）の木簡は飛鳥宮跡で初めて出土した紀年銘木簡であり、宮の年代決定、宮名の比定などの根拠として重要な意味を持つ。木簡の中には著名な皇族の名が複数みえているが、いずれも小さな削片であり具体的な内容を知ることが出来ない。また出土遺構と宮東限大溝との前後関係について若干の課題が残されている（第一章参照）。

第一一一次調査は内郭北東で実施され、下層のⅡ期遺構にともなう遺構から木簡が出土している。いずれも小さな削片であるが、飛鳥板蓋宮期のものである可能性が高い。

第一三一次調査では、評制下の全国から飛鳥宮に届けられた荷札木簡が多量に出土した。駿河（131-2）・武蔵（131-3）・上野（131-4・5）・下野（131-6）の東国や若狭（131-7・8）、伊予（131-9）など、広範囲な国々からの七世紀の荷札木簡が飛鳥でまとまって出土した初めての例であり、七世紀の地方行政の全体像を把握することが可能となった。大贄・調などの税目がみえることから浄御原令制下の税制の一端をうかがうことができるほか、「五十戸」から「里」へ移行する過程も反映している。さらに内郭から離れた北方域における官司の活動状況を解明する手がかりともなった（次節参照）。

第一四三次・第一四五次・第一四七次調査は飛鳥京跡苑池の発掘調査で、池内および排水のための水路から木簡が出土した。すべてが苑池内で用いられたものとは限らず、周辺も含めて木簡の廃棄元を考えるべきであるが、いずれも苑池が機能していた時期のもので、「嶋官」（143-25）は中島のある苑池を管理した役所とみられ、鮑（143-6）やワサビ（143-14）など食料品に関する木簡は苑地周辺で消費されたものである。白米に関する木簡が多数みえることも苑池出土木簡の特色で、前白木簡（143-4）は飛鳥から地方へ下向する役人の食料費を請求したもので、付近に白米の出納を管理する役所が存在したことを示している。また造酒司から出された木簡（147-1）は大宝令施行後も苑池付近で活動が継続していたことを示している。医薬関係の木簡も複数あり（143-5・147-2・147-18）、飛鳥時代の医療制度の進度を知ることができる。とりわけ「西州続命湯」の木簡は注目される。西州続命湯は複数の医書にみえる漢方薬で、この木簡は唐から日本への医学・医書の輸入時期を考える上で重要である。木簡に記載された成分は、六五〇年代に成立した『千金要方』（孫思邈著）と一致するため、『千金要方』を出典としたとみてよい。そうであれば成立からあまり時を経ずして唐から日本に伝来したこととなる。これについては、『千金要方』は奈良時代に日本に入った医書で、七世紀中頃には渡来していた可能性が高い『集験方』を木簡の出典とする意見もある（小曽戸洋・真柳誠「飛鳥京庭園跡出土木簡「西州続命湯」の出典について」『日本医史学雑誌』48-3　二〇〇二年）。ただ、天武朝は遣唐使が中止され唐と直接交流することはなかったものの、斉明・天智朝には第三回遣唐使（六五四〜六五五）、第四回遣唐使（六五九〜六六一）、第五回遣唐使（六六五〜六六七）、第六回遣唐使（六六七〜六六八）、第七回遣唐使（六六九〜？）があった。この頃に唐長安から飛鳥へ最新の医書が直接持ち込まれた可能性は否定できない。

以上、飛鳥宮跡出土木簡を概観した。これらの木簡から得られた成果をまとめると、まず紀年銘を記載した木簡の出土によって遺構の年代を特定できるようになった。木簡には丙寅年（六六六、143-6）、丙子年（六七六 147-9）、丁丑年（六七七、131-1）、戊寅年（六七八、147-19）、辛巳年（六八一、104-6・7）、癸巳年（六九三、131-12）のものがあり、木簡と土器の両方から宮殿遺構の年代を特定することが可能になり、「飛鳥京跡」として調査してきた遺構の最上層（Ⅲ期遺構）が後飛鳥岡本宮・飛鳥浄御原宮であることが確定した。また紀年銘がない場合でも、「大花下」（51-1）のように年代を絞り込むことができるものがあり、Ⅱ期遺構は飛鳥板蓋宮に該当すると考えて間違いない。

飛鳥宮跡における荷札木簡の出土は、地方行政制度を知る上での重要な史料となり、「五十戸一里制」の施行時期が大化改新後間もない時期になること、国—評—里制に先立って国—評—五十戸制が存在したことが明らかになった（その後、石神遺跡から乙丑年（六六五）の年紀をもつ「三野国ム下評大山五十戸」の荷札木簡(『評制下荷札木簡集成』102)が出土し、天智九年(六七〇)の庚午年籍作成以前に一般的に国―評―五十戸制が実施されていたと考えられるようになった)。

地名の表記についても、荷札木簡には「无耶志国」(131-3)、「遠水海国」(147-21)、「近淡(海国)」(104-39)、「高志国」(147-23)、「猪名ア評」(147-4)、「安八麻評」(147-22)、「度里」(147-6)、「碓日評」(131-4)、などの特徴的な地名があり、和銅五年(七一二)に太安万侶によって編纂された『古事記』での表記と共通するものや八世紀に入って表記が変更されたものがみられる。木簡にみえるこのような地名表記は、『古事記』が古い段階の表記をそのまま伝えていることを示すものである。

このほか、各地からの荷札木簡の形状や書式も八世紀以降と同じような地域ごとの特色がみられ、品目も大きな違いはなく、七世紀から八世紀への連続性を看取することができる。また、既に述べたように、飛鳥宮の医療制度の発達段階を解明する手掛かりも得ることができるなど、『日本書紀』では得られない第一次史料としての飛鳥宮跡出土木簡の意義は大きい。

これらの木簡は前述のように、それぞれ出土地点の時期や性格が異なるため、一括して史料として用いることはできない。しかしながら、逆に木簡は各出土地点の性格を反映しているとも考えられる。次節では、出土木簡から飛鳥官各区域の利用状況について考えてみたい。

第二節　木簡からみた飛鳥宮

次に、出土木簡から当時の飛鳥宮がどのように使われていたかを読み解いてみたい。天皇の居所である内郭における木簡の出土例はないため(木簡だけでなく他の遺物も少ない)、木簡から内郭での活動内容を推測することは難しい。『日本書紀』天武・持統紀には内裏における様々な行事(元日朝賀・告朔・大射・御薪・金光明経講説など)が記されているが、今後そうした行事に関連する木簡が出土することが期待される。また持統四年(六九〇)七月には高市皇子が太政大臣に任命されている。太政官も内裏付近に置かれたと考えてよいが、それに関連する木簡は出土していない。

東外郭には、第一〇四次調査出土木簡の内容から歴史書編纂に関わる官司が存在したことが想定できる。天武十年(六八一)三月に帝紀・上古諸事を記録させる詔が出されたことも考えると、後の図書寮にあたる官司が存在したとみることができ、東外郭辺りに内裏直属の組織が置かれたらしい。大宝令制で成立した中務省(中務卿の職掌は侍従、献替賛相礼儀、詔勅文案の審署、覆奏、宣旨、労問、上表の受け入れ、国史の監修、女王・内外命婦・宮人等の名帳、考叙、位記、諸国戸籍、租調帳　僧尼の名籍など多岐にわたり、天皇の秘書官および内廷の諸雑事を担当した)のもとに編成された官司と共通する性格をもつ役所の存在を木簡の中に見出すことができる。すなわち「大友」「大津皇」「太来」の歴史書編纂事業を思わせる削片のほか、「召舎人」、「西州続命湯」など、左右大舎人寮・図書寮・内薬司などにつながる官司の職掌に関わる木簡があり、後に中務省の監督下に置かれる官司が内郭周辺で活動したと考えられる。ただし、中務省は大宝令で成立したものであるため、浄御原令制下では各官司は未編成で個別に活動したのであろう。

『日本書紀』天武十一年三月甲午朔条に「宮内官大夫」があり宮内省に相当す

る官司の存在が確認でき、朱鳥元年九月甲子条では太政官機構とは別に「宮内」が誄を行なっていることから、やはり天皇に近い場所で活動したと想定してよい。内郭北方域では全国各地からの調・贄などの荷札が多数出土している。荷札は消費場所で廃棄されるので、出土地点近くには食膳に関わる官司が置かれたと考えられる。大宝令制では宮内省の下に大膳職・内膳司が置かれたが、七世紀段階ではまだ分化せず「膳職」であった(『日本書紀』朱鳥元年九月甲子条)。内郭北方域の荷札木簡廃棄元がこれに該当すると考えられる。平城宮において大膳職・内膳司は内裏北方に配置されているので飛鳥宮跡との共通性がうかがわれ、平城宮での官衙配置が飛鳥宮のそれを解明する手掛かりとなる可能性もある。

苑池出土の木簡からは、「嶋官」(143-25)と書かれた木簡から園池司と同様の職掌をもつ役所、医薬に関する木簡から典薬寮と同様の職掌をもつ役所の存在が知られ、「造酒司解」(147-1)は飛鳥から藤原へ遷った後も苑池付近で造酒司が活動したことを示している。米の請求木簡や白米の荷札木簡は、諸国の舂米や雑穀を官人に支給した大炊寮と同様の職掌の官司により廃棄されたものであろう。

このように、内郭北方域や大宝令制の宮内省被管の官司に相当する役所が内郭付近に存在したことをうかがわせ、内郭周辺は朝廷の中枢部や内裏に奉仕する官司が占拠する状況にあったと考えられる。『日本書紀』朱鳥元年九月乙丑の記事では誄の儀式に大政官・法官・理官・大蔵・兵政官・刑官・民官といった官司が登場する。しかし飛鳥宮の立地は飛鳥岡(岡寺山)と飛鳥川に挟まれ、北に飛鳥寺が建つ狭小な地で、藤原宮や平城宮のように一つの区画の中に内裏とともに全部の役所を納めることは困難である。

それでは、内郭の近くに配置されなかった官司はどこに置かれたのであろうか。右に挙げた天武朝の官司のうち、民官・大蔵・兵政官については所在地を推測する手掛かりが若干ながら存在する。

まず民官(民部省)については、朱鳥元年(六八六)七月に忍壁皇子宮の火災の延焼により民部省が焼けたという記事が『日本書紀』ある。『万葉集』によれば忍壁皇子宮は雷丘にあったとされるので、雷丘から近い石神遺跡周辺に民部省が置かれたと考えることができる。

石神遺跡から出土した多量の天武・持統朝の木簡は右の推測を補強するものであり、斉明朝の迎賓館的施設から天武朝に官衙群に転換した事実を説明することができる。

次に大蔵は、平城宮跡北辺で倉庫群が検出され大蔵省に比定されているが、飛鳥宮跡やその周辺ではそれに相当するような倉庫群は未だ見つかっていない。ただ、『続日本紀』天平宝字四年(七六〇)八月辛未の記事では、淳仁天皇が播磨国など四カ国の糒合計三千斛を小治田宮に収納させたとあり、雷丘周辺(雷丘東方遺跡)に所在した小治田宮にはそれらを収容できる倉庫群が存在したと考えられる。さらに『日本書紀』天武元年六月己丑条に「小墾田兵庫」とある。武器庫があることから兵政官との関わりを想定することも可能であろう。

以上、飛鳥宮跡出土木簡から飛鳥宮における官衙の配置を検討すると、内郭周辺には天皇を支えるための官司(大宝令制の中務省につながる官司)が置かれ、内郭北方域や苑地周辺には朝廷の活動を支える官司(大宝令制の宮内省につながる官司)、さらに飛鳥寺を越えて北側にある石神遺跡や雷丘東方遺跡などに天武朝以降発達した官司を配置したものと考えられる。

(鶴見)

写 真 図 版

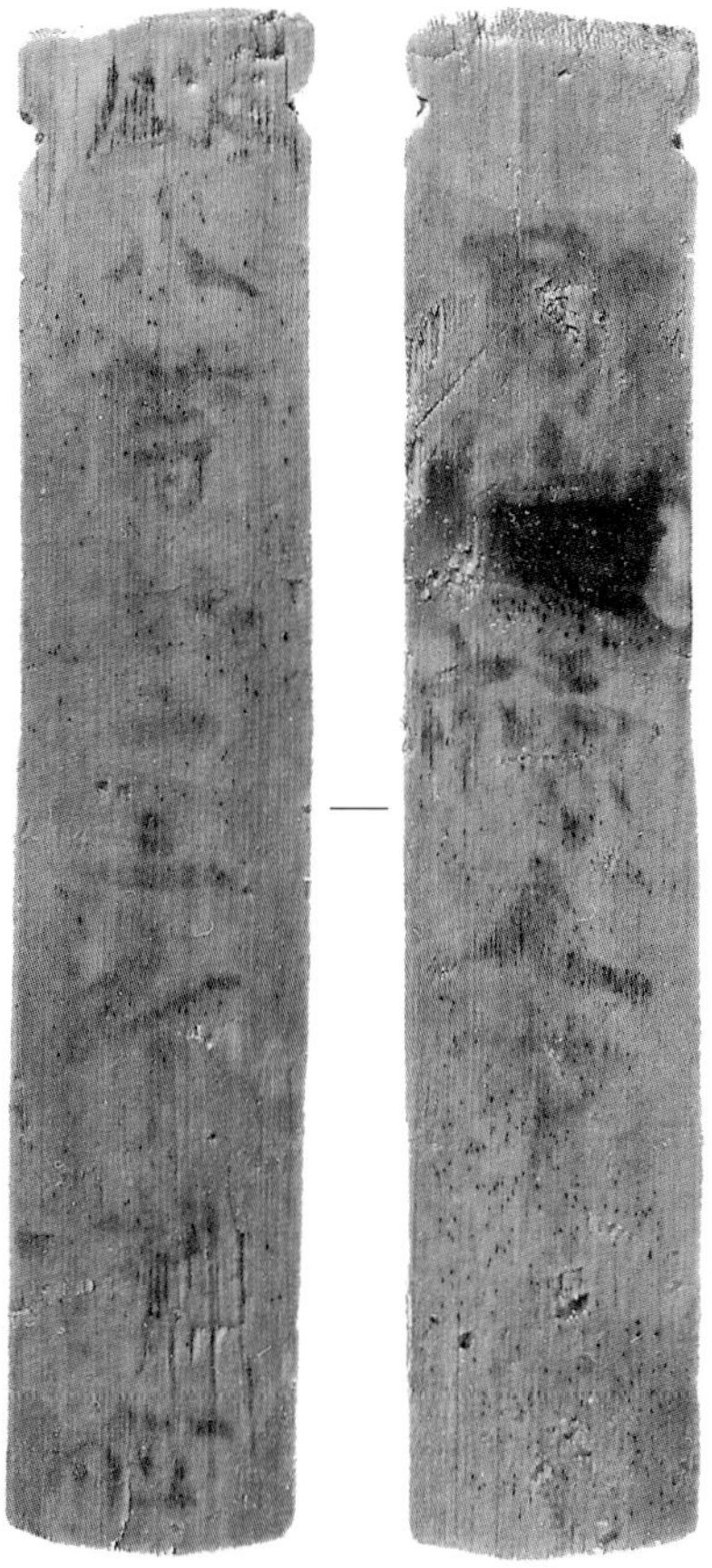

10-2

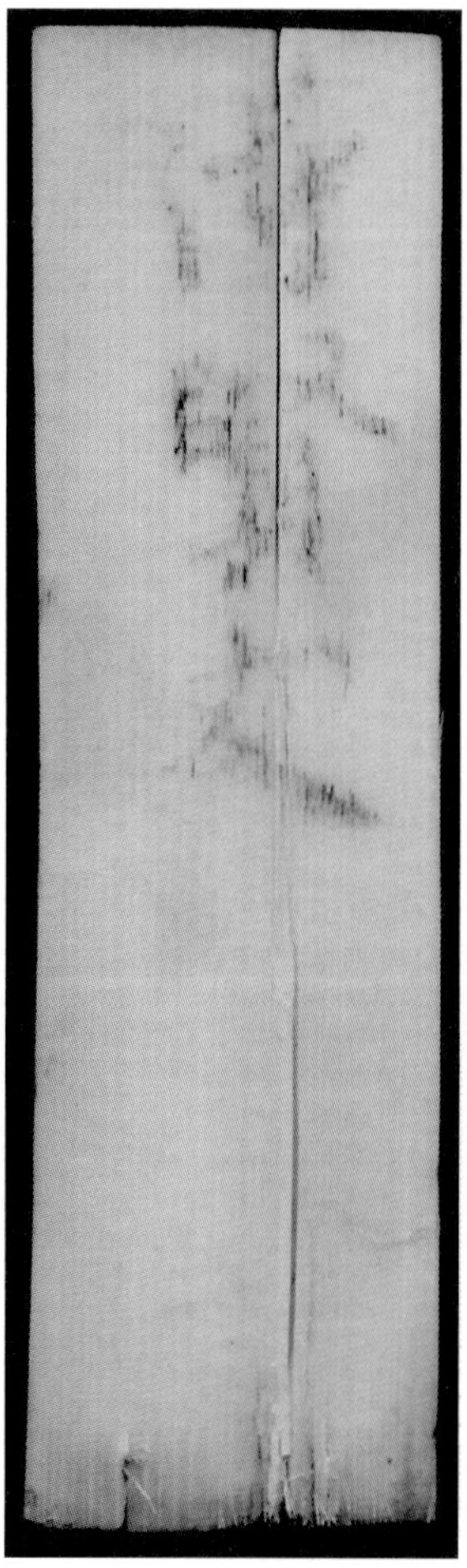

（赤外）

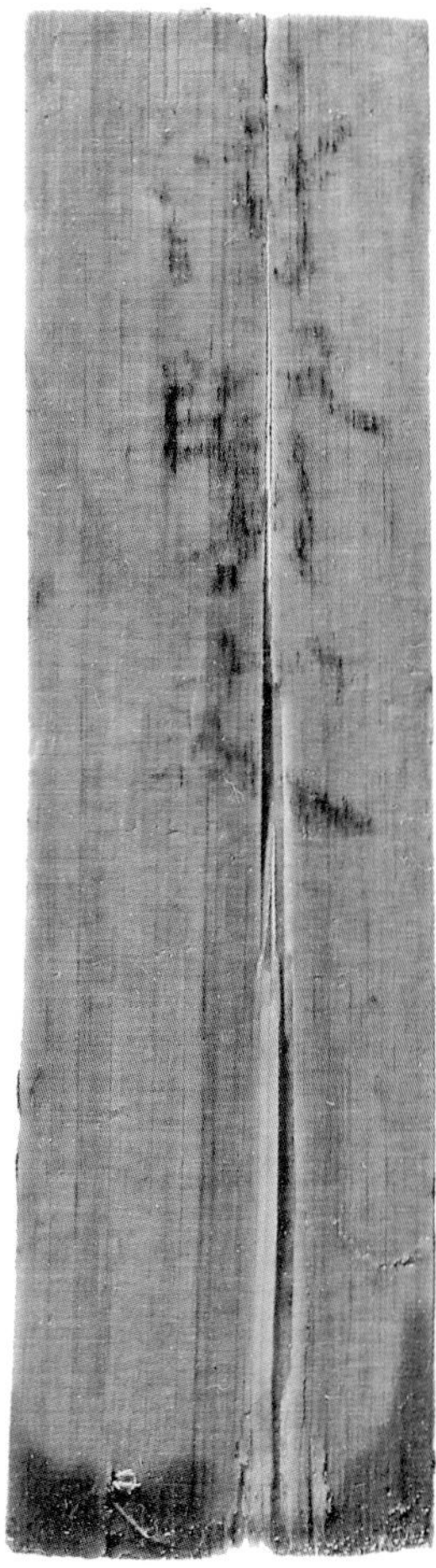

10-3

10-1

10-6

10-5

10-4

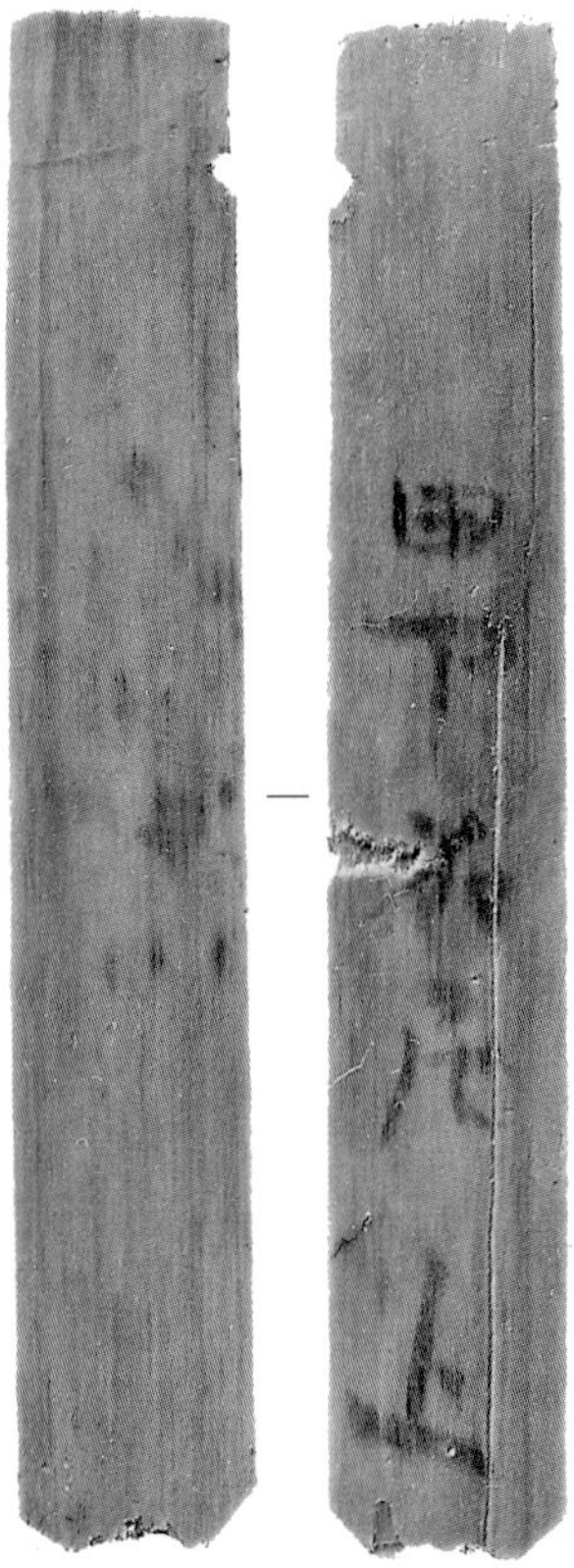

10-9

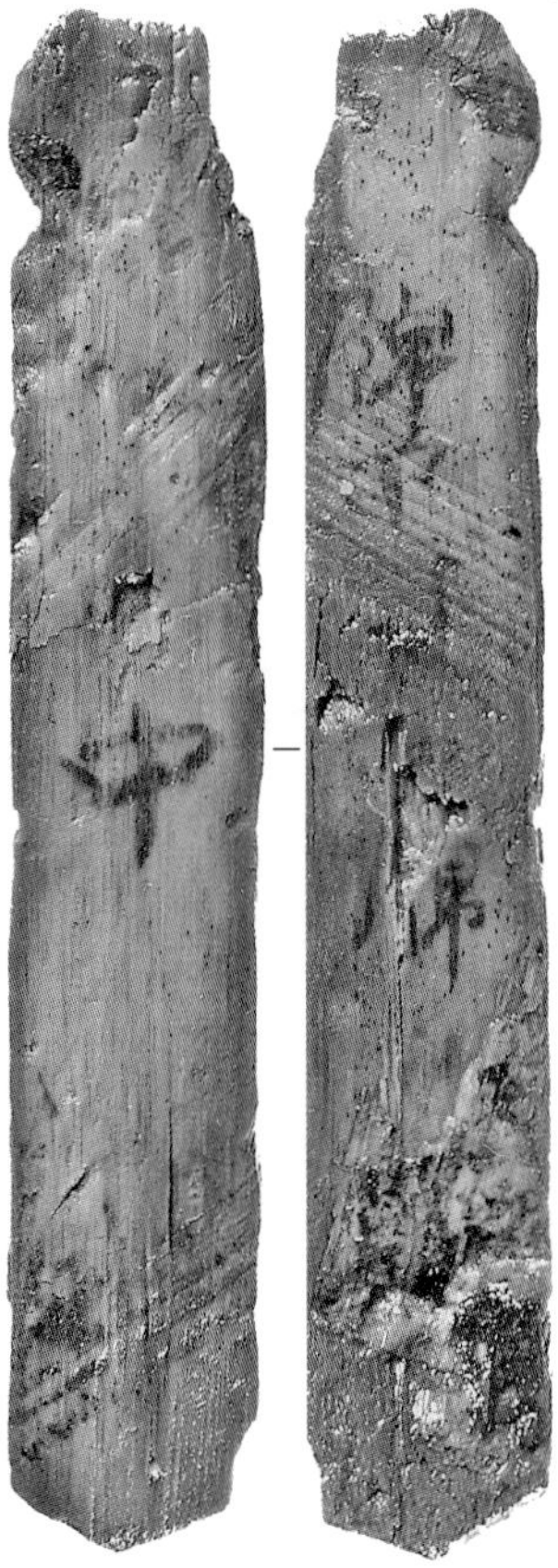

10-8

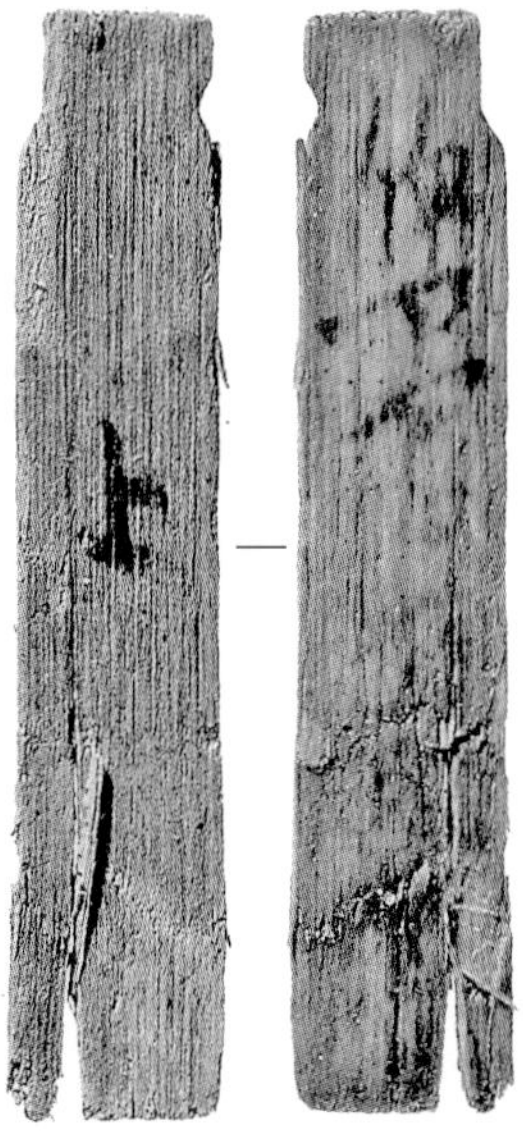

10-7

10-14

X0.75

10-13

10-11

10-10

10-12

10-18

X0.8

10-16

10-15

10-17

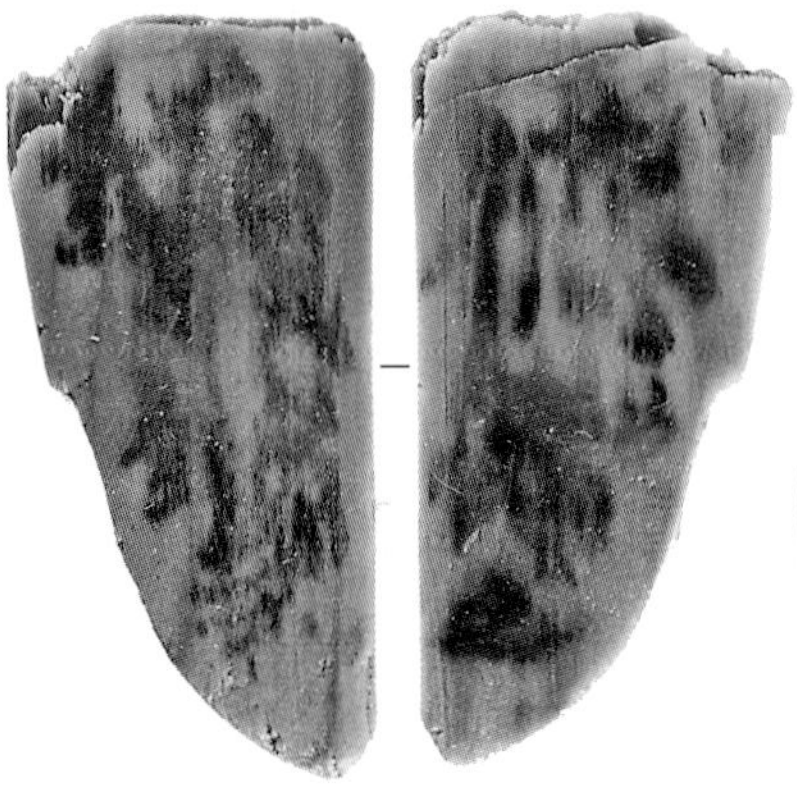

10-20

10-19

PL.5

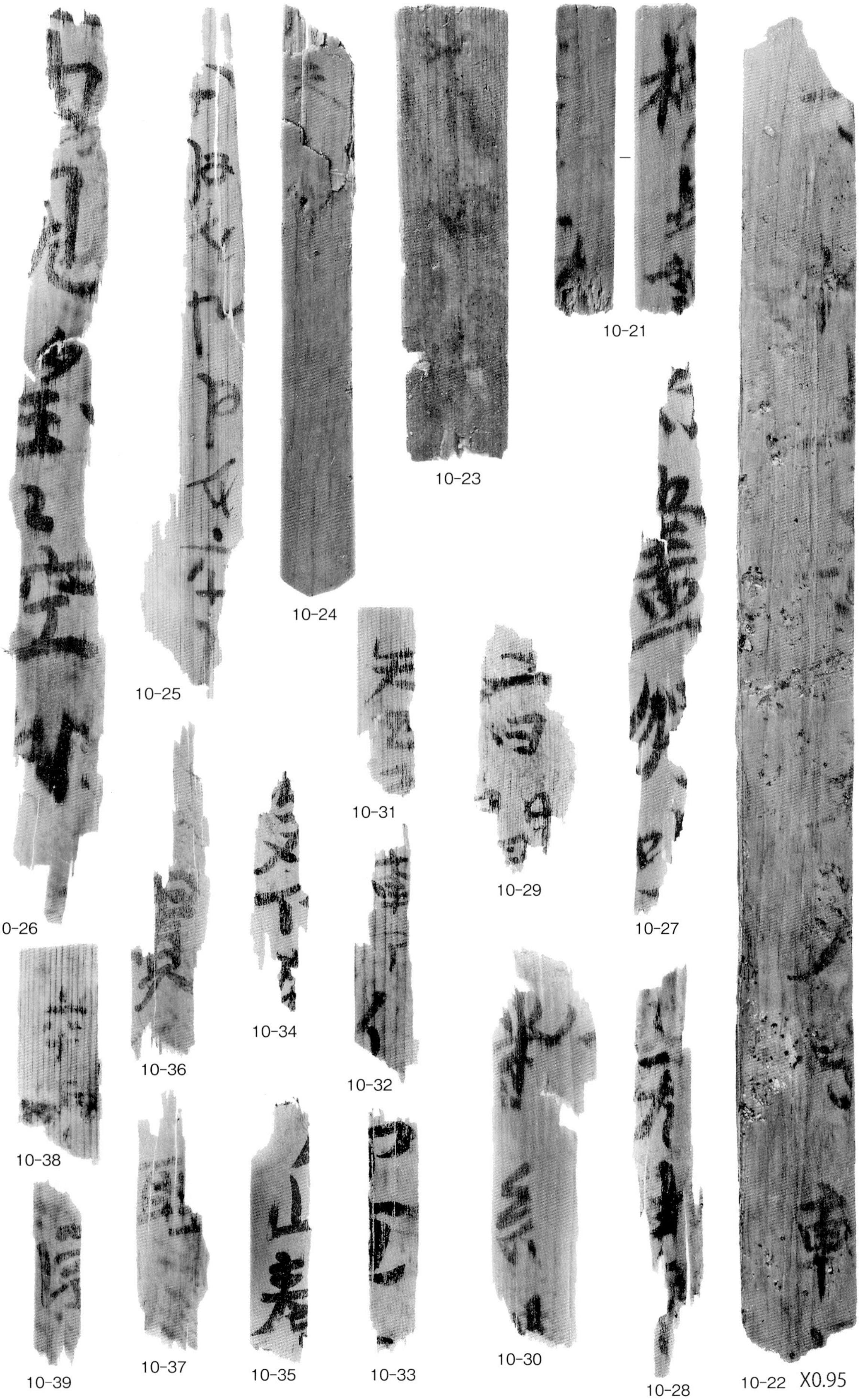

10-21 10-22 10-23 10-24 10-25 10-26 10-27 10-28 10-29 10-30 10-31 10-32 10-33 10-34 10-35 10-36 10-37 10-38 10-39

X0.95

10-43

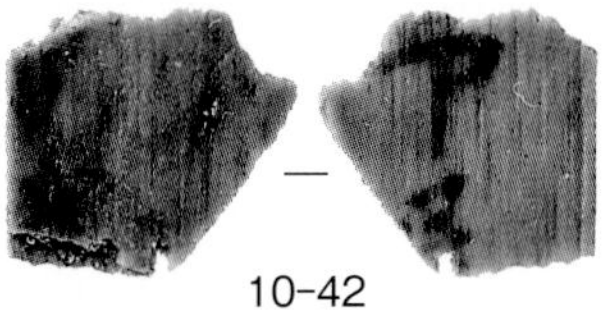

10-42

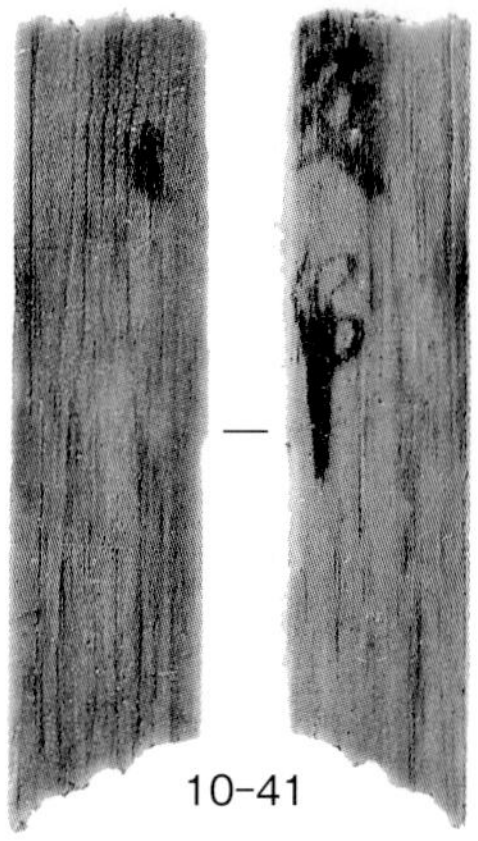

10-41

10-40

10-47

10-46

10-45

10-44

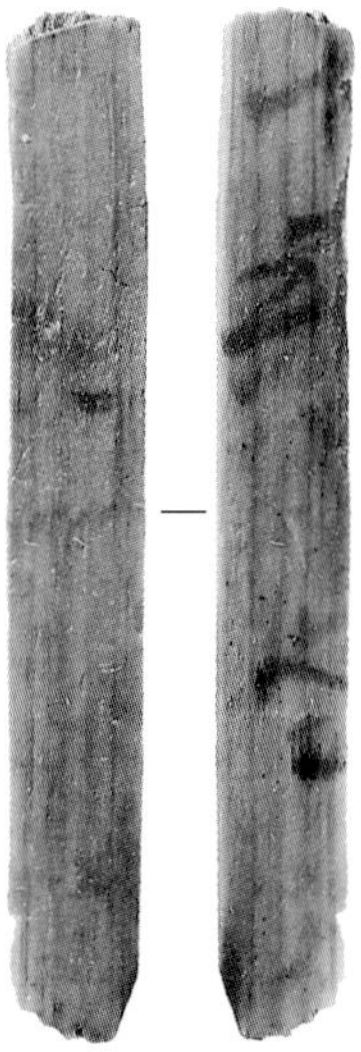

10-49

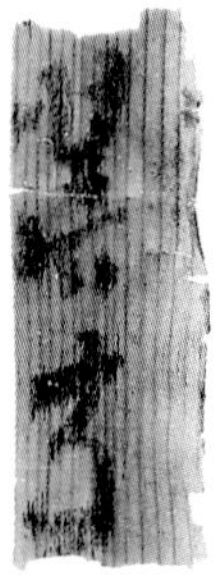

10-48

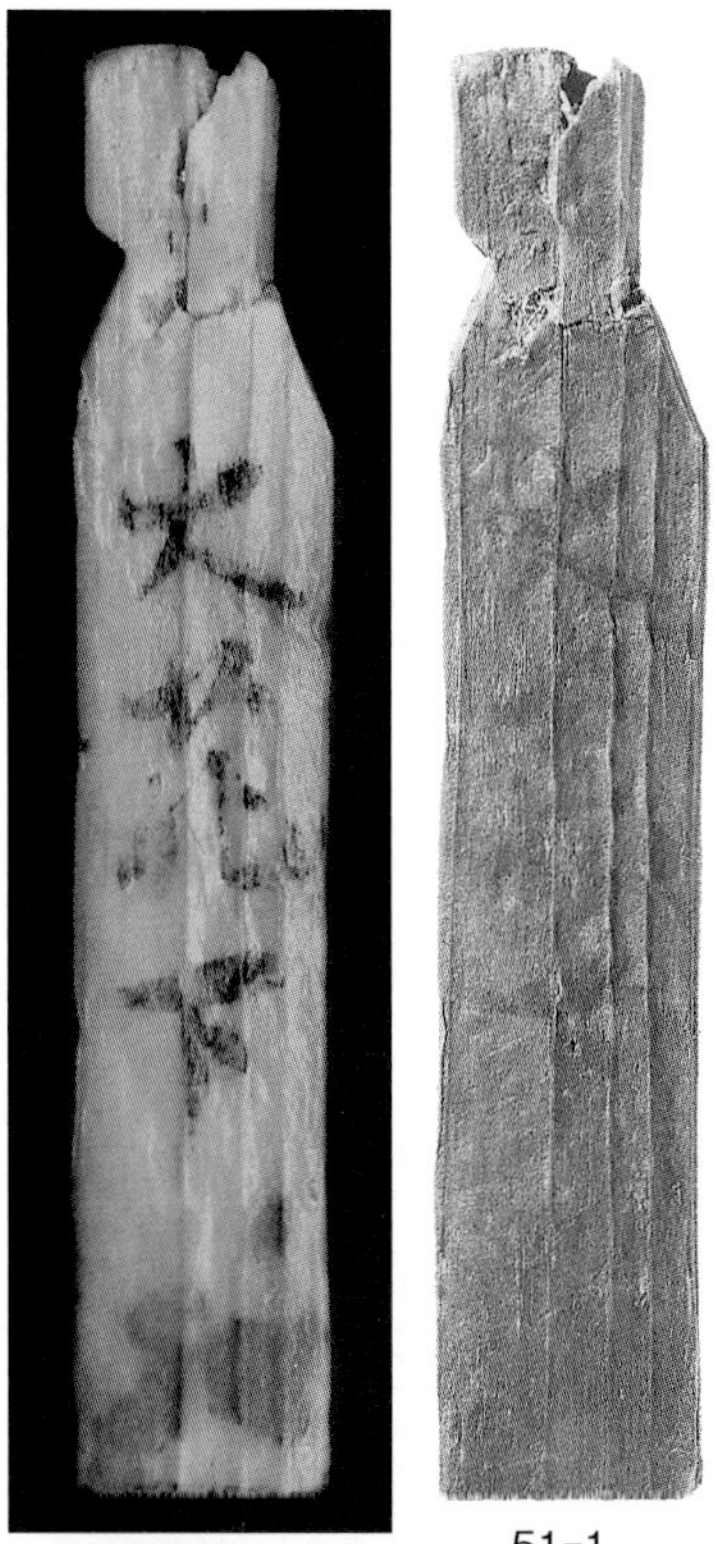

（赤外）　51-1

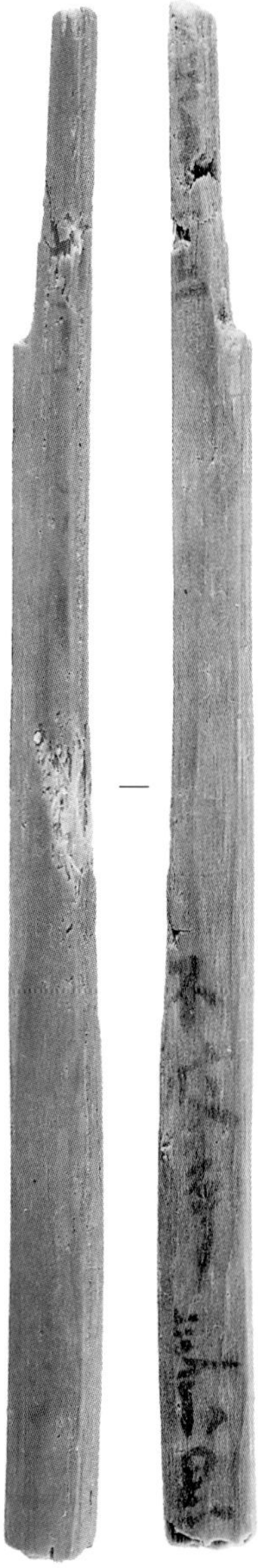

28-2

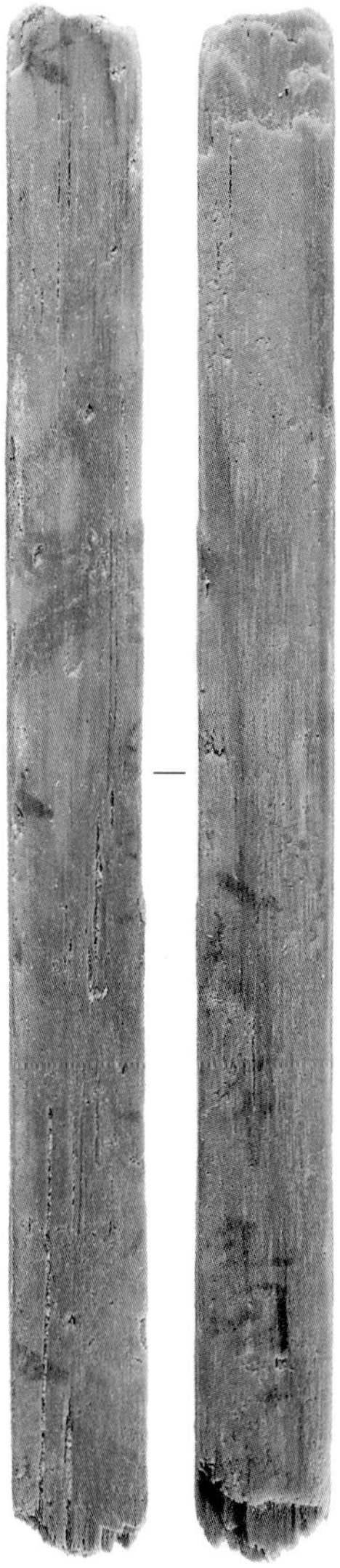

28-1

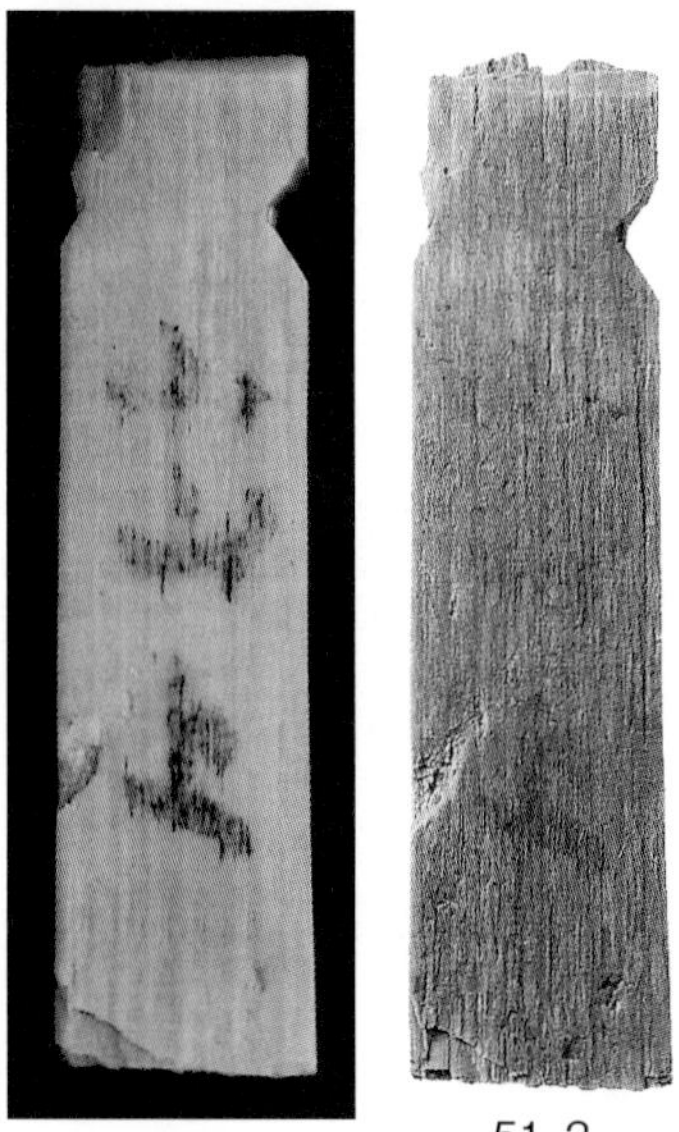

（赤外）　51-2

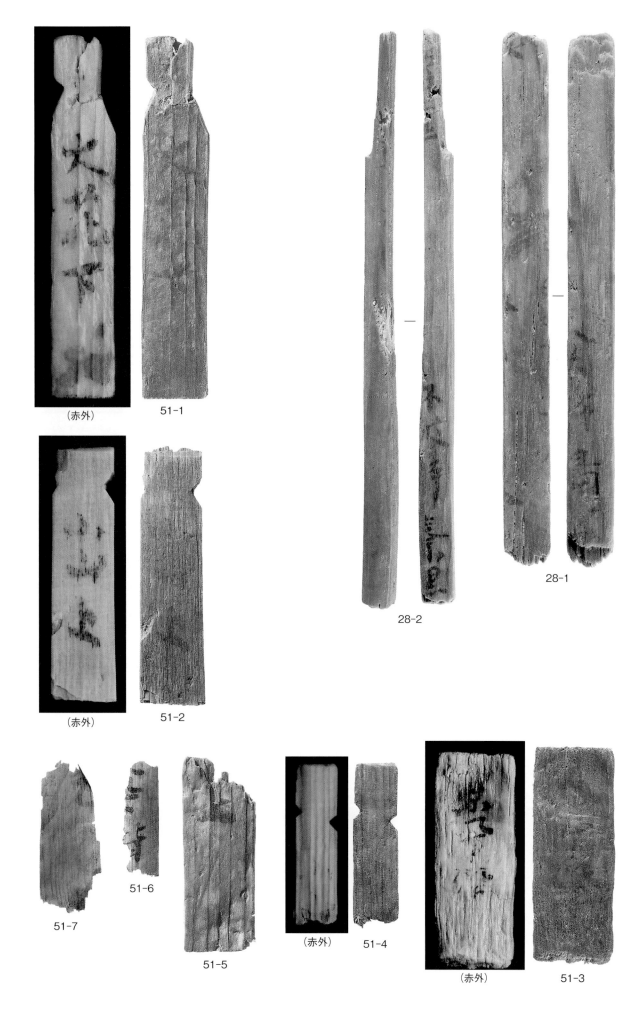

51-7

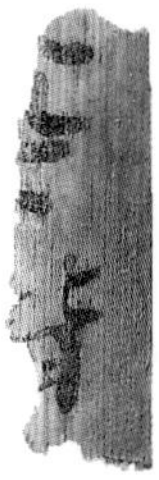

51-6

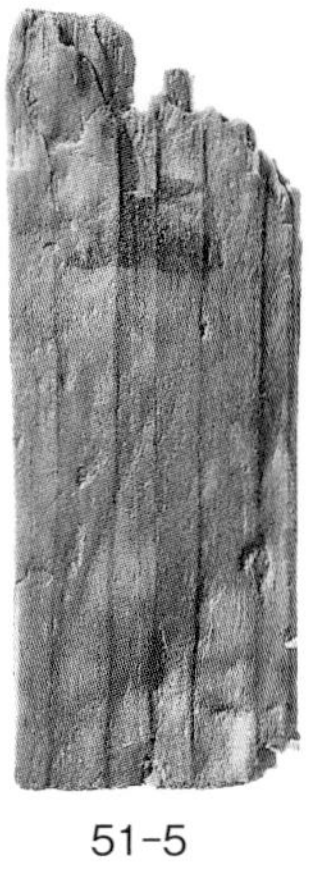

51-5

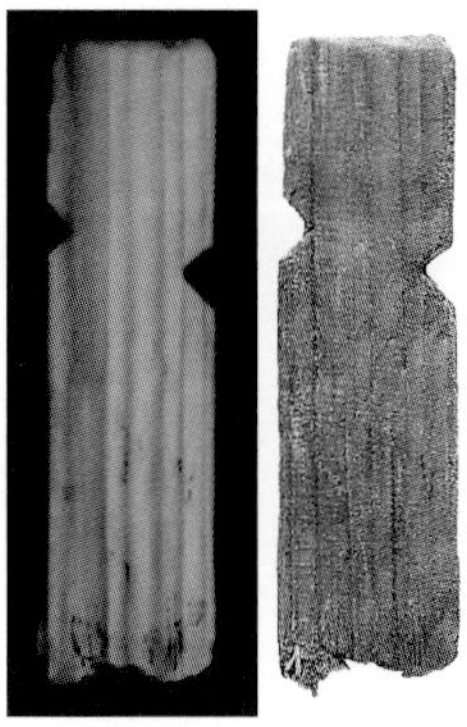

（赤外）　51-4

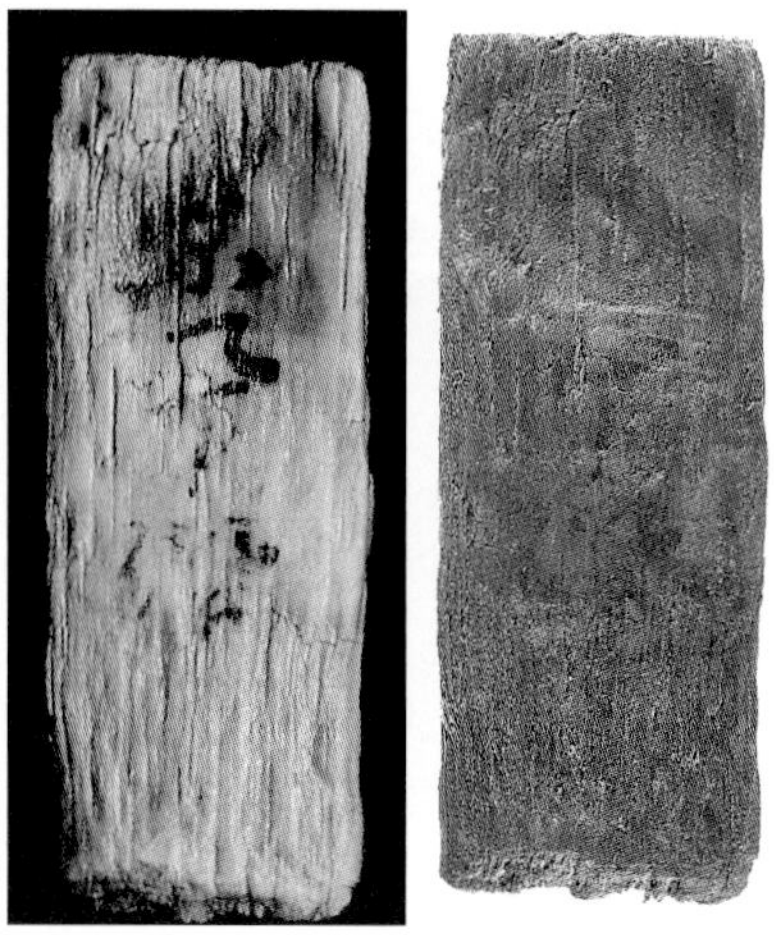

（赤外）　51-3

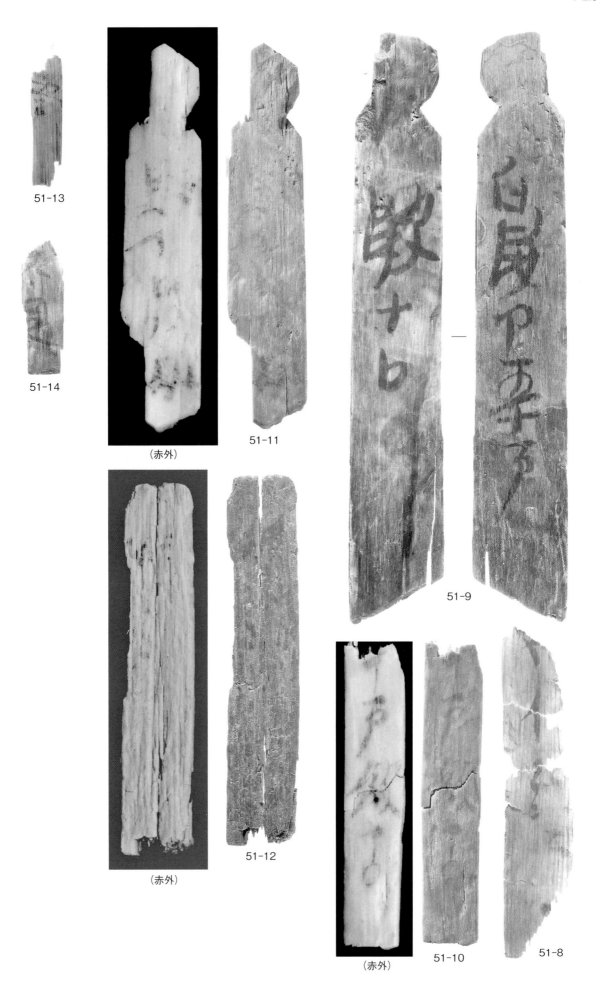

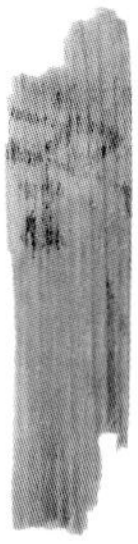

51-13

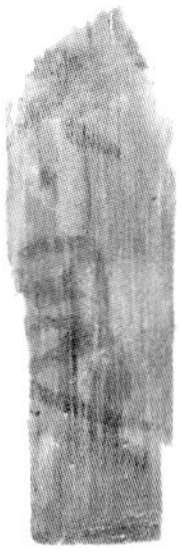

51-14

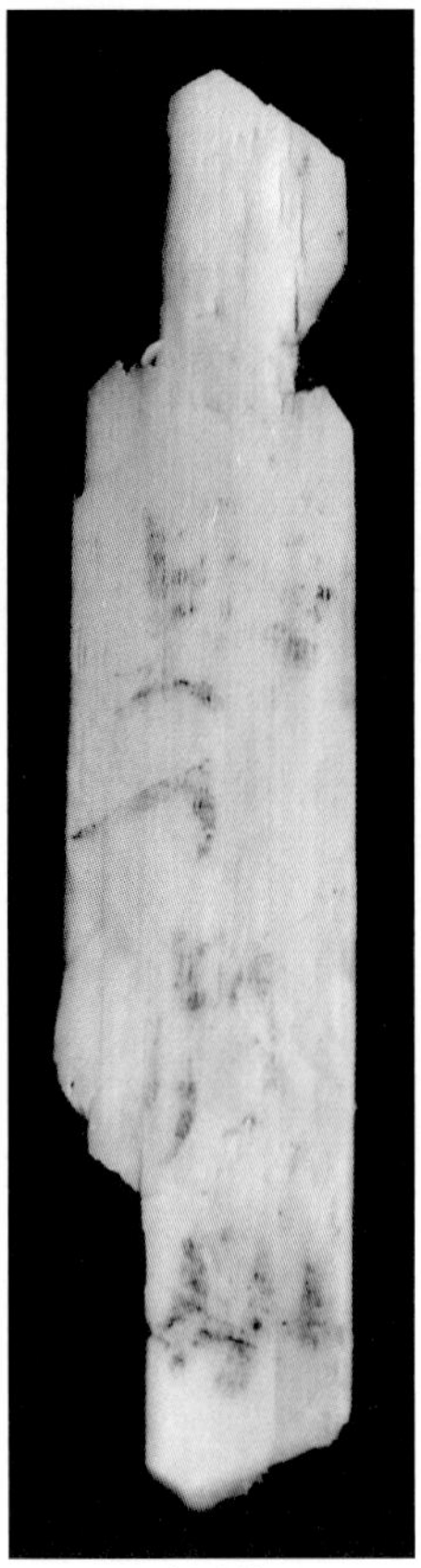

（赤外）

51-11

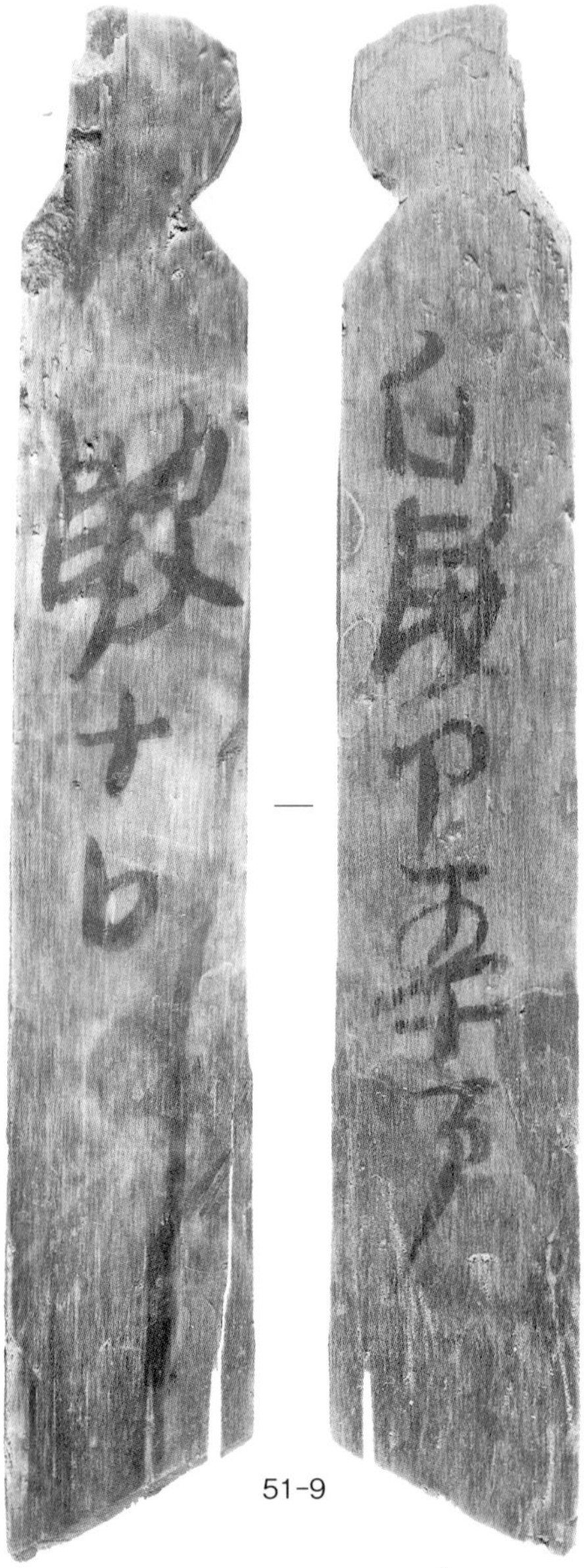

51-9

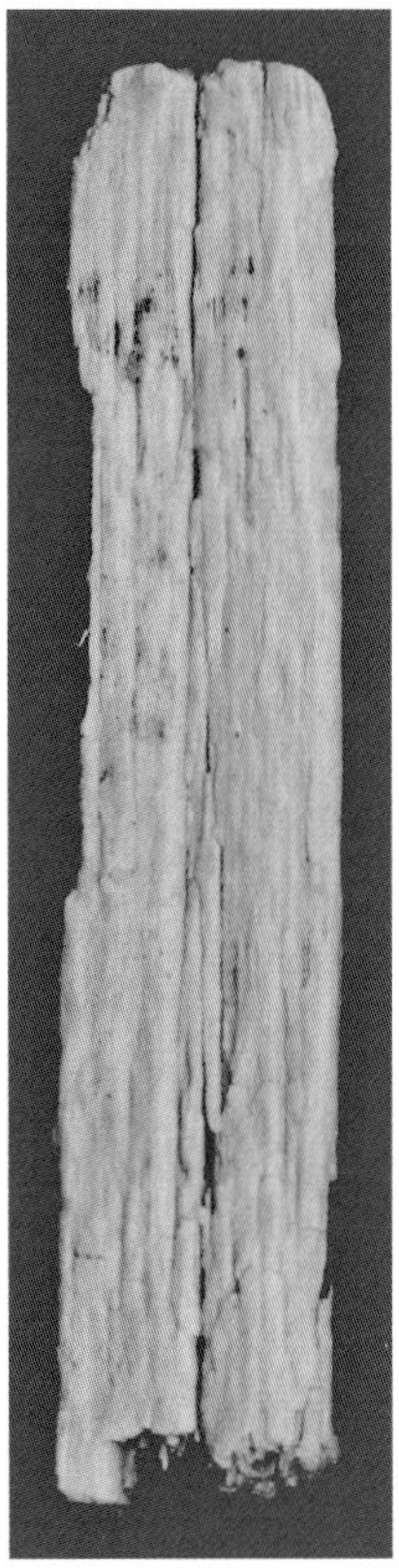

（赤外）

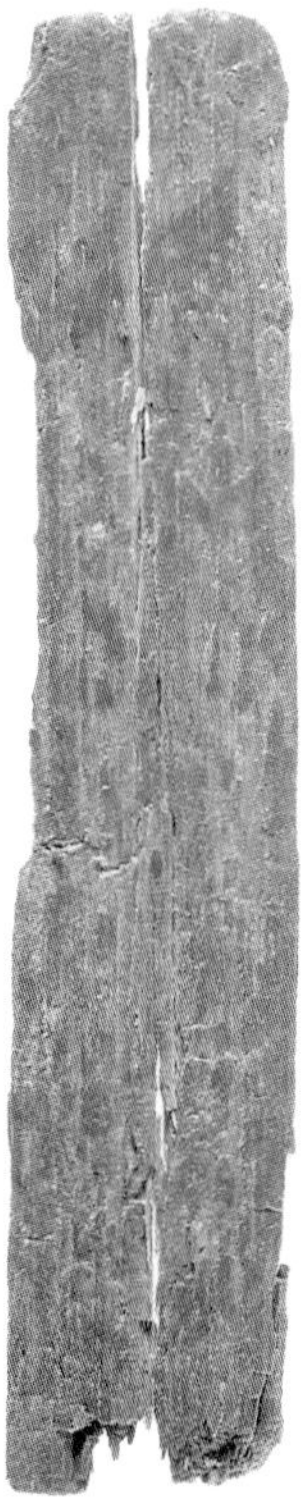

51-12

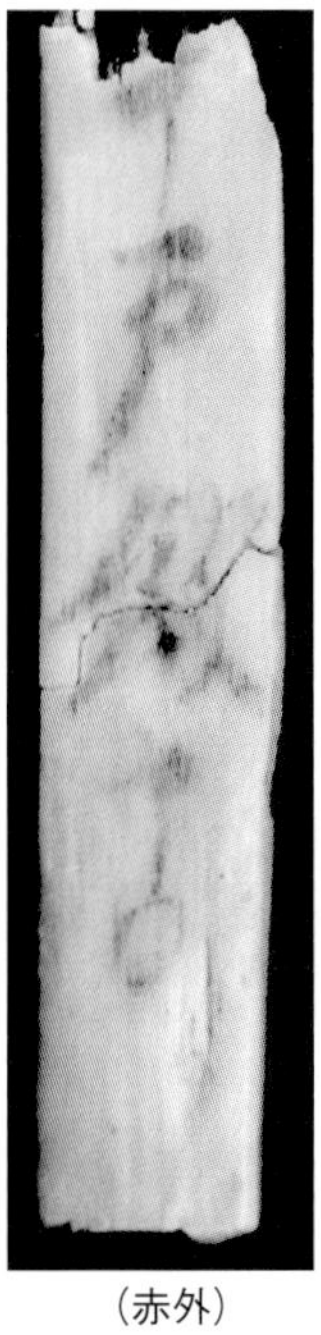

（赤外）

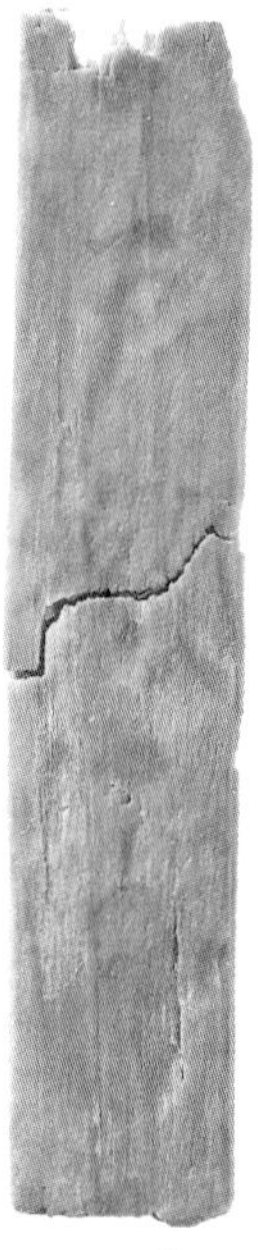

51-10

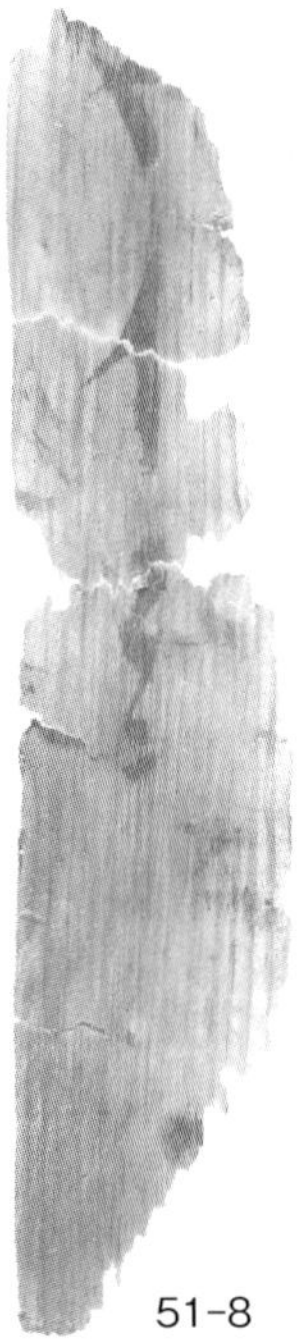

51-8

PL.9

104-5

104-4

104-3

104-2

104-1

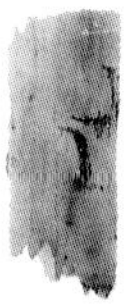

104-11

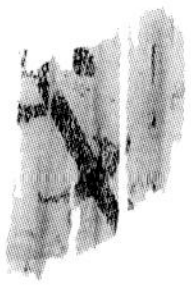

104-10

104-9

104-8

104-7

104-6

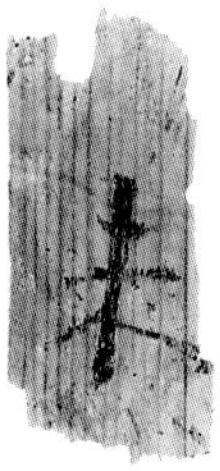

104-16

104-15

104-14

104-13

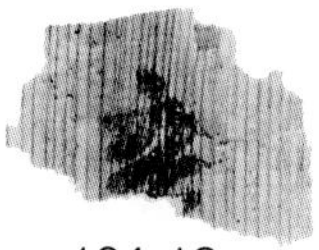

104-12

104-21

104-20

104-19

104-18

104-17

104-27

104-26

104-25

104-24

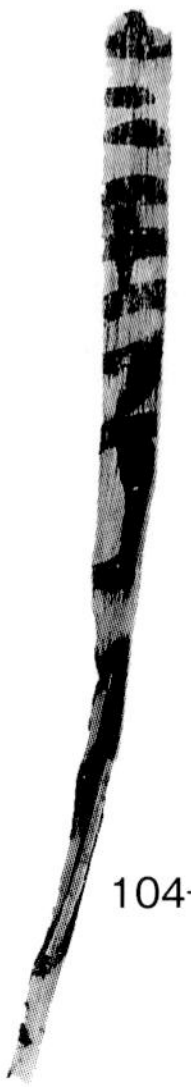
104-23

104-22

104-33

104-32

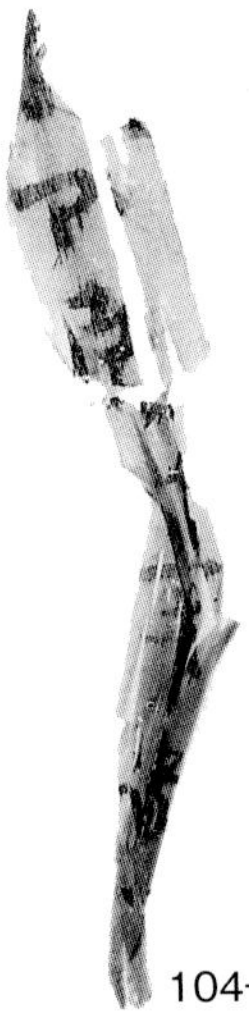
104-31

104-30

104-29

104-28

104-34

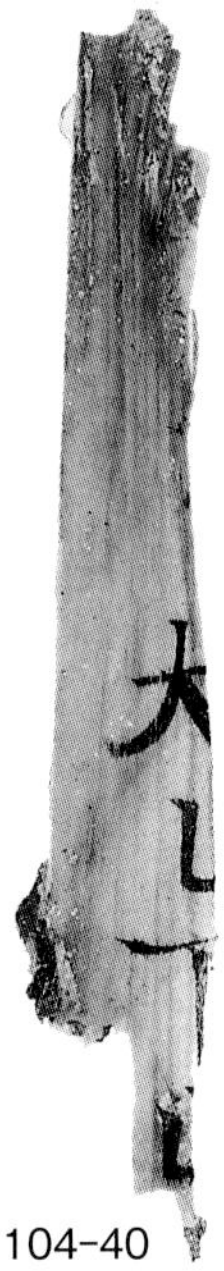
104-40

104-39

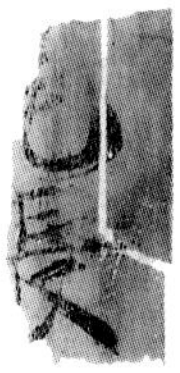
104-38

104-37

104-36

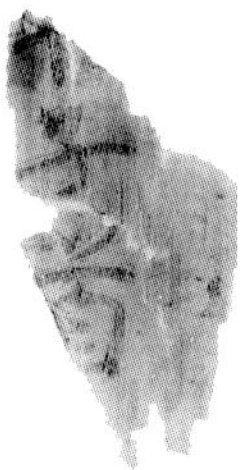
104-35

104-41

104-46

104-44

104-43

104-42

104-48

104-47

104-45

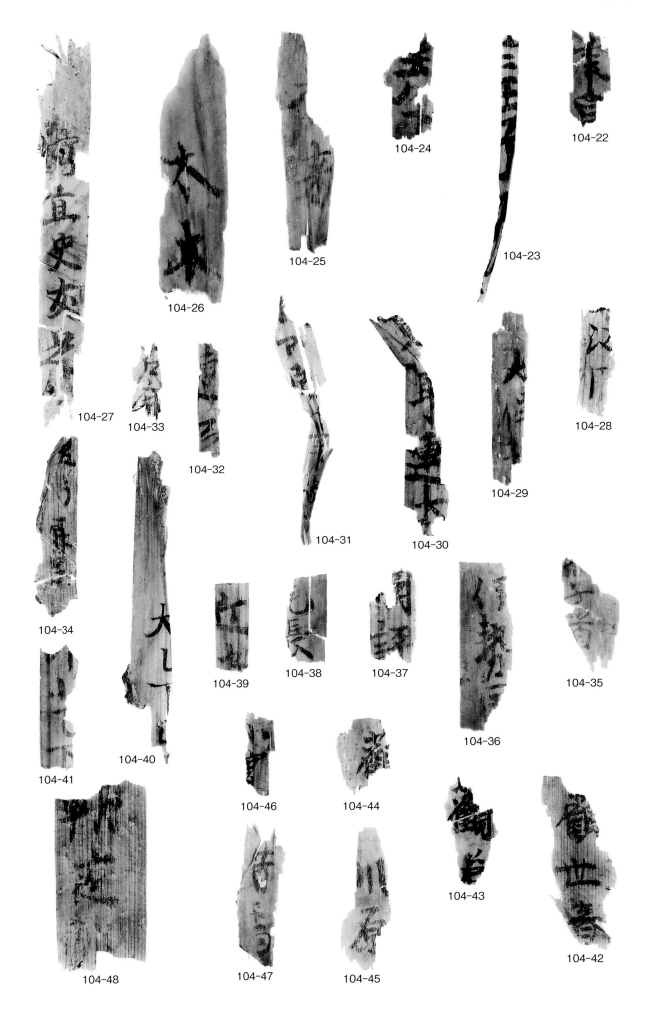

104-57

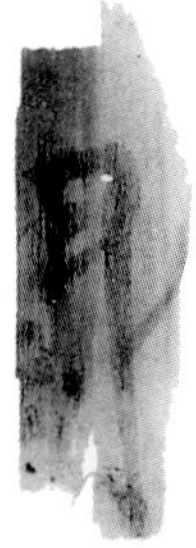
104-55

104-52

104-58

104-56

104-53

104-59

104-54

104-51

104-50

104-49

104-60

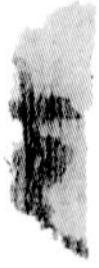
104-67

104-68

104-69

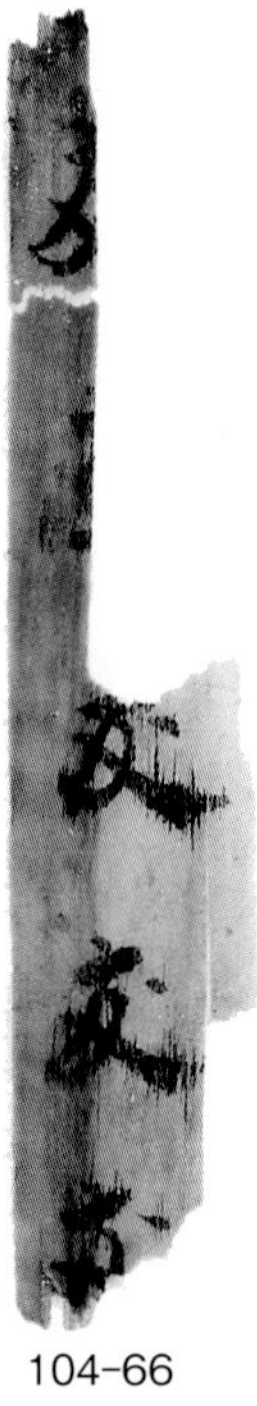
104-66

104-65

104-62

104-63

104-64

104-61

104-76

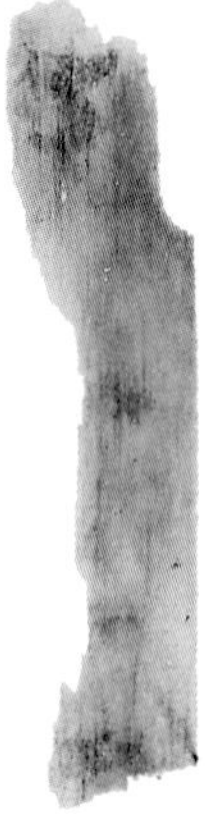
104-75

104-74

104-73

104-72

104-71

104-70

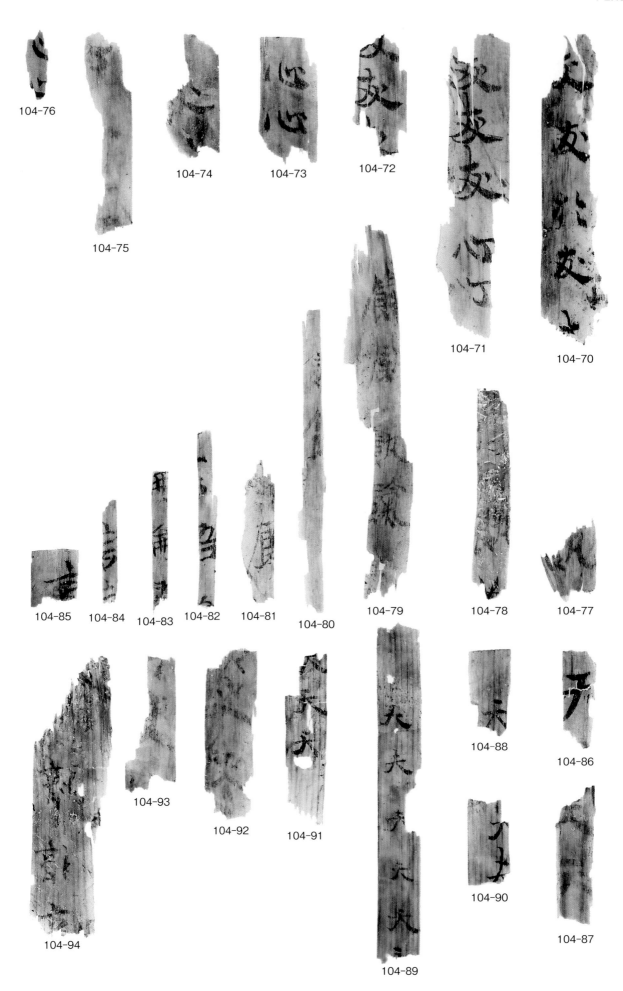

104-85

104-84

104-83

104-82

104-81

104-80

104-79

104-78

104-77

104-94

104-93

104-92

104-91

104-89

104-88

104-86

104-90

104-87

104-100

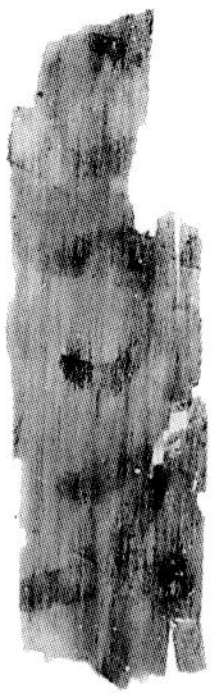
104-99

104-98

104-97

104-96

104-95

104-106

104-113

104-105

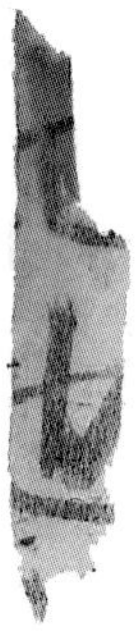
104-104

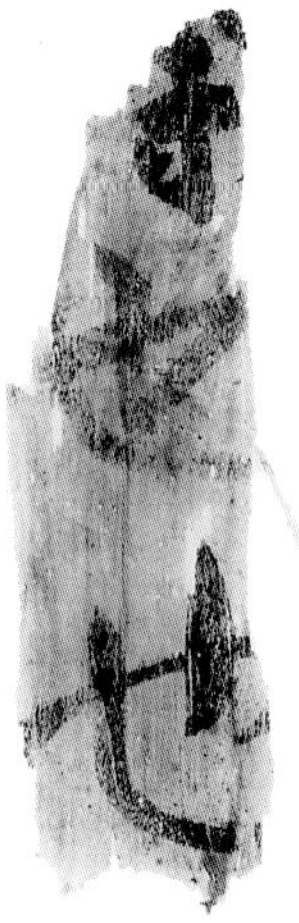
104-103

104-102

104-101

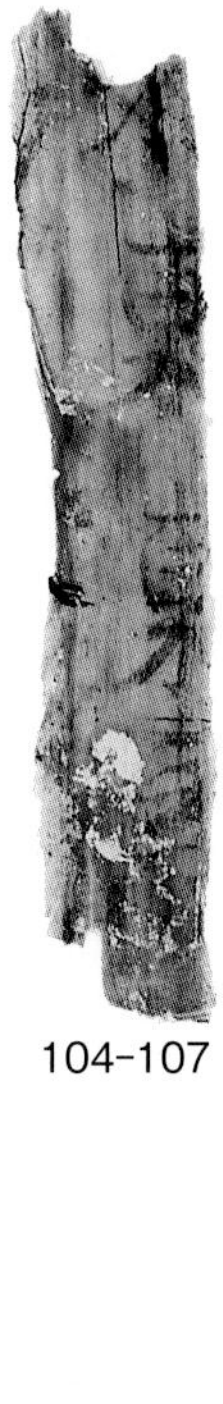
104-107

104-112

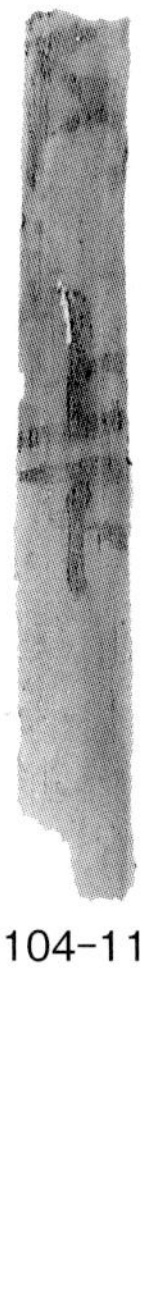
104-111

104-109

104-110

104-108

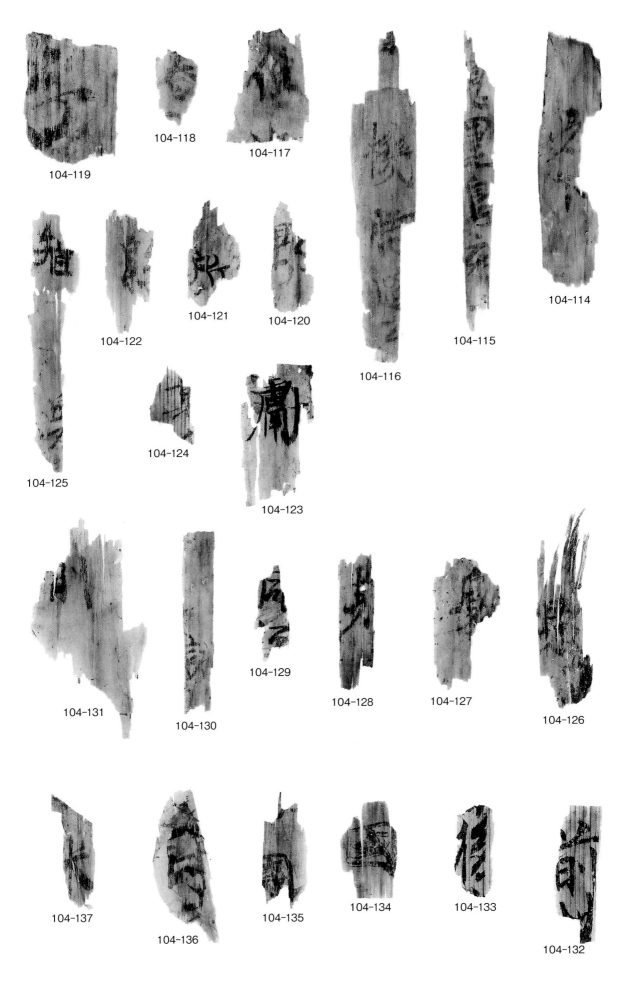

104-119

104-118

104-117

104-116

104-115

104-114

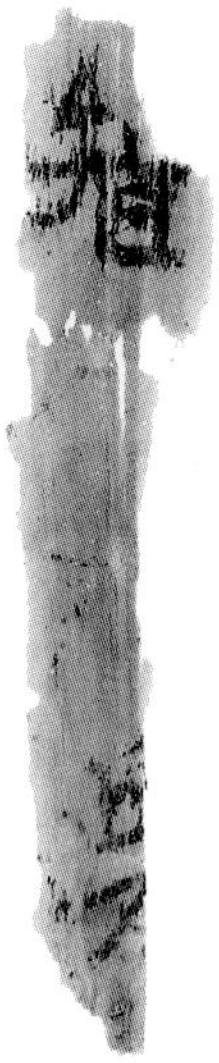
104-125

104-122

104-121

104-120

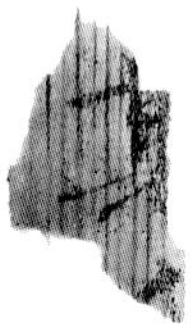
104-124

104-123

104-131

104-130

104-129

104-128

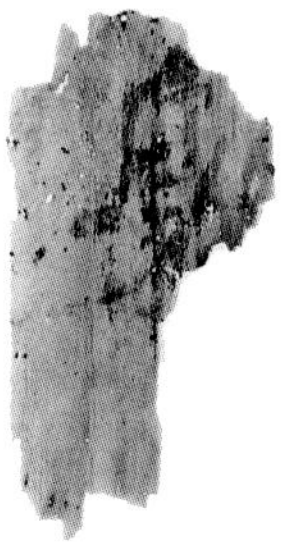
104-127

104-126

104-137

104-136

104-135

104-134

104-133

104-132

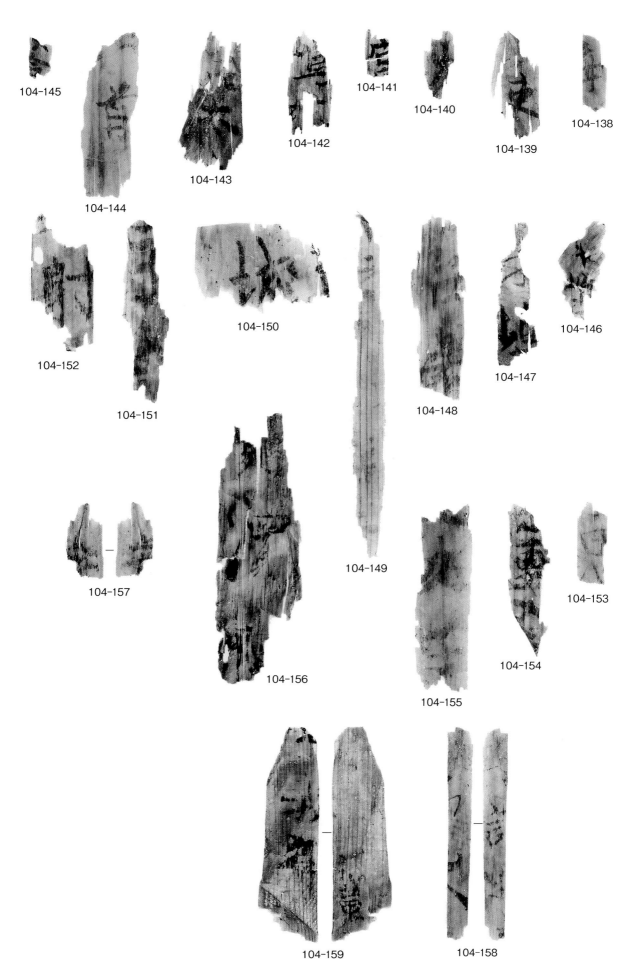

104-145

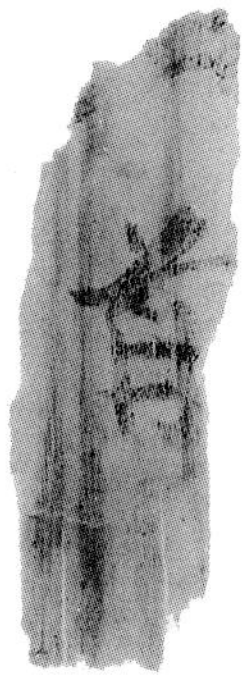
104-144

104-143

104-142

104-141

104-140

104-139

104-138

104-152

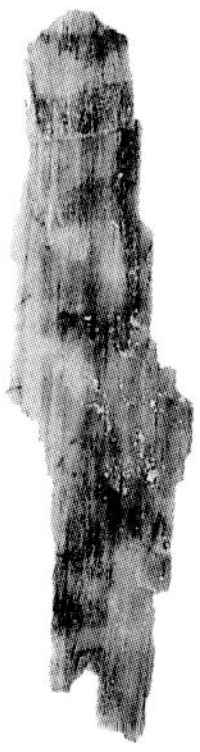
104-151

104-150

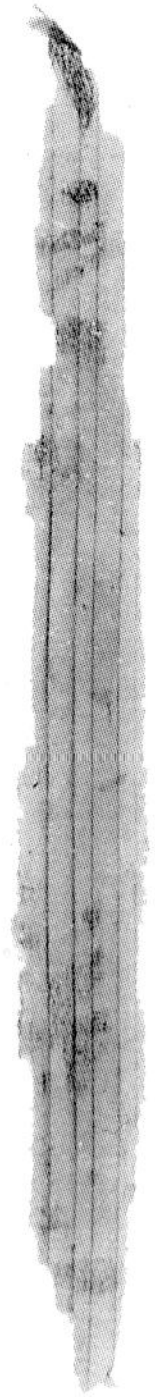
104-149

104-148

104-147

104-146

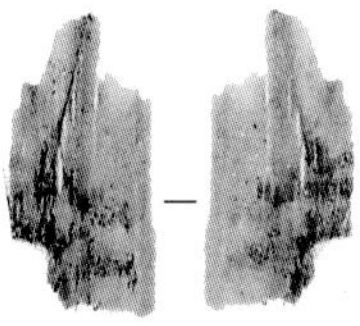
104-157

104-156

104-155

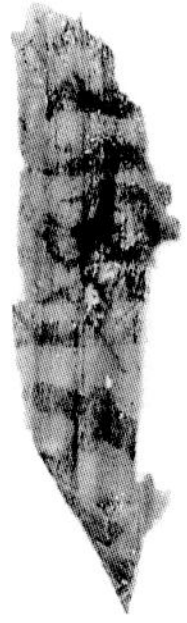
104-154

104-153

104-159

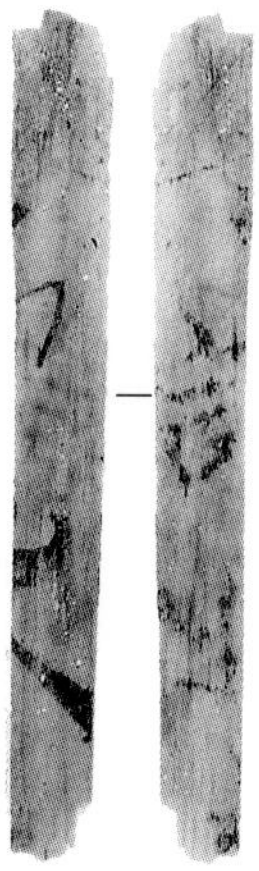
104-158

131-2

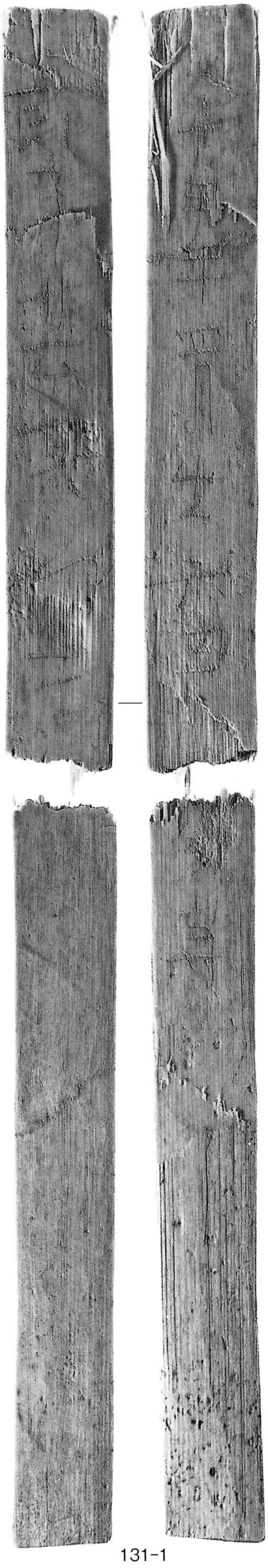
X0.7

131-1

111-3

111-2

111-1

129-1

131-5

131-4

（赤外）

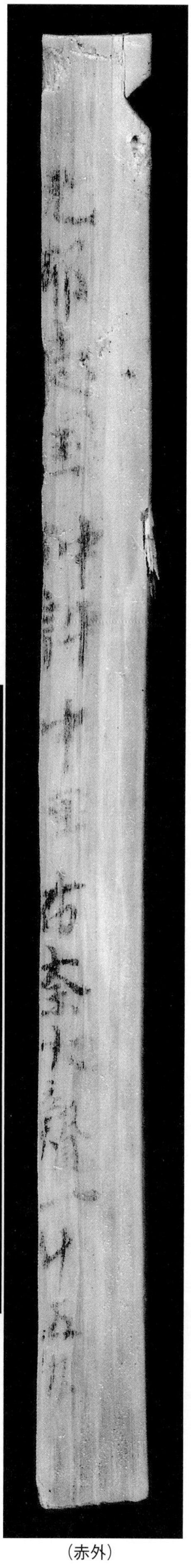

（赤外）

131-3

X0.95

131-7

（赤外）

131-6

131-10

131-11

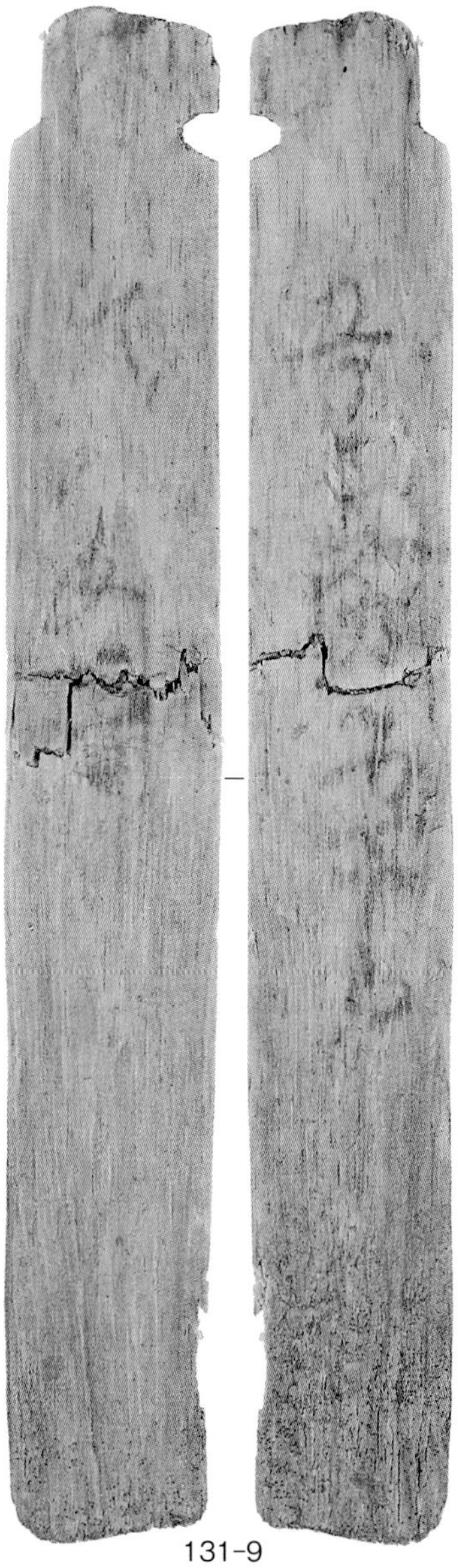

131-9

131-8

131-15

131-16

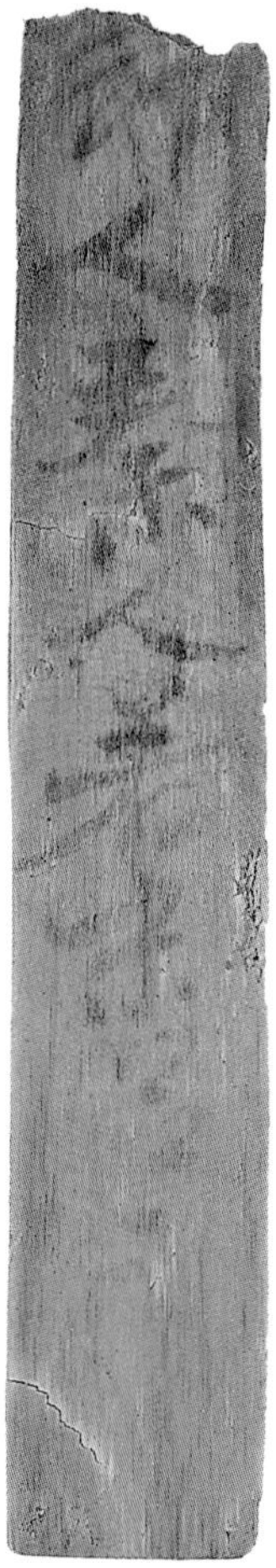

131-13

131-12

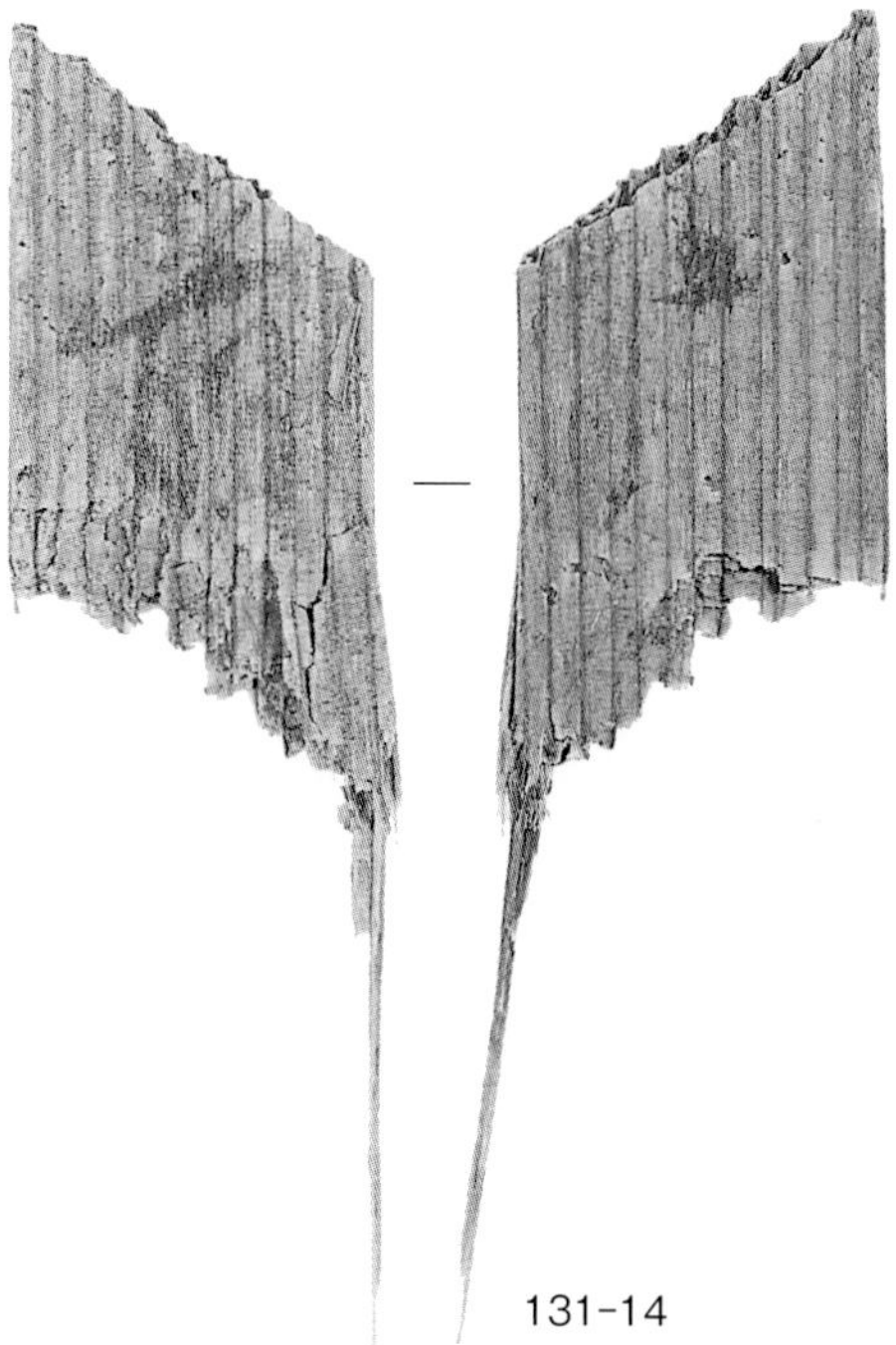

131-14

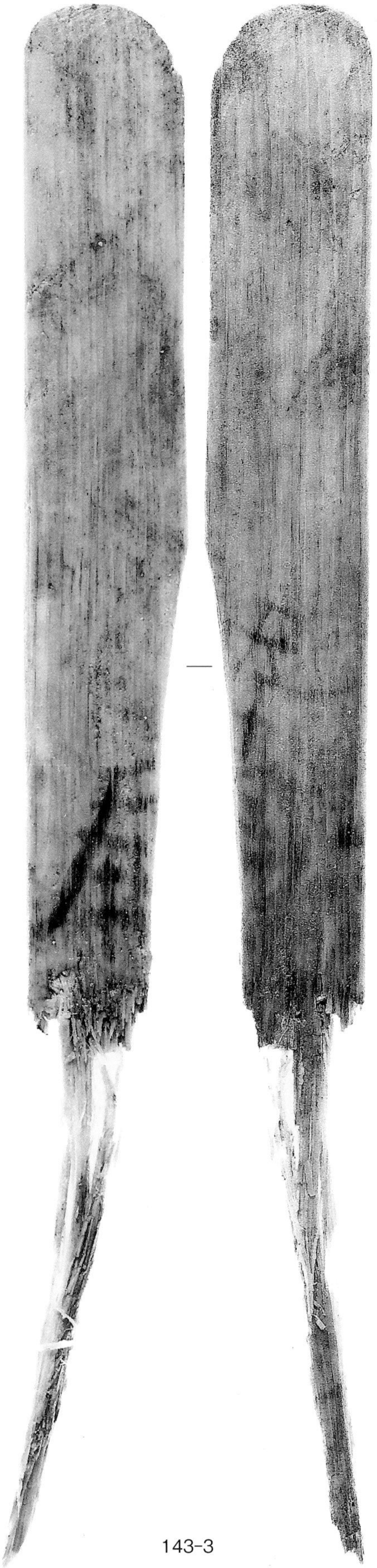

143-3

143-1

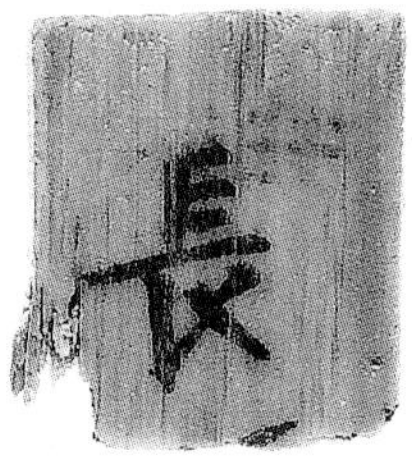

143-2

（赤外）

143-4　　x0.8

143-6

143-5

x0.85

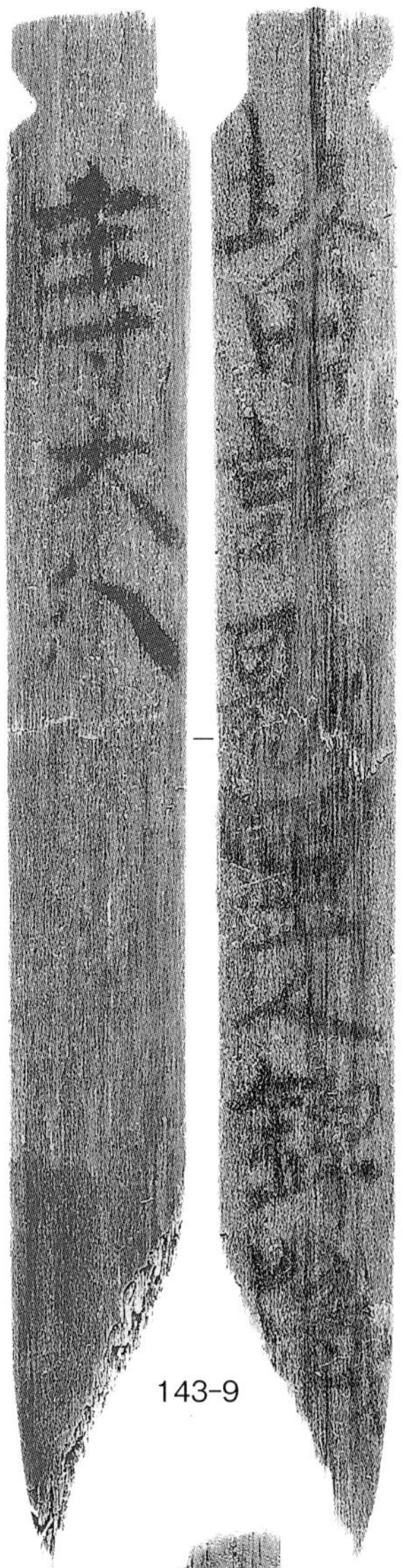

143-9

143-8

143-7

143-10

143-14

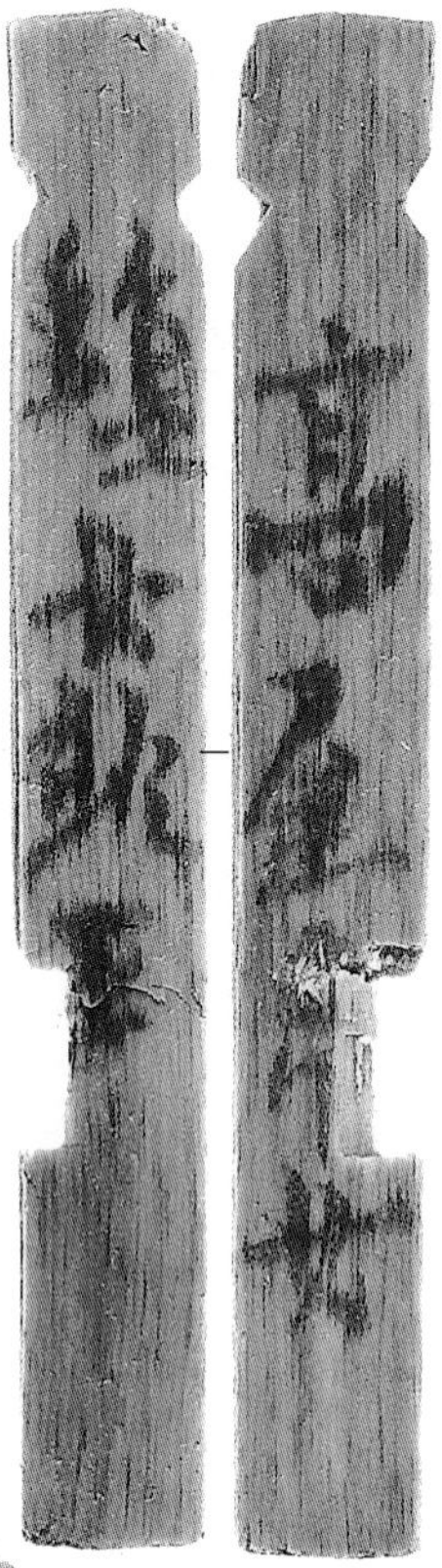
143-13

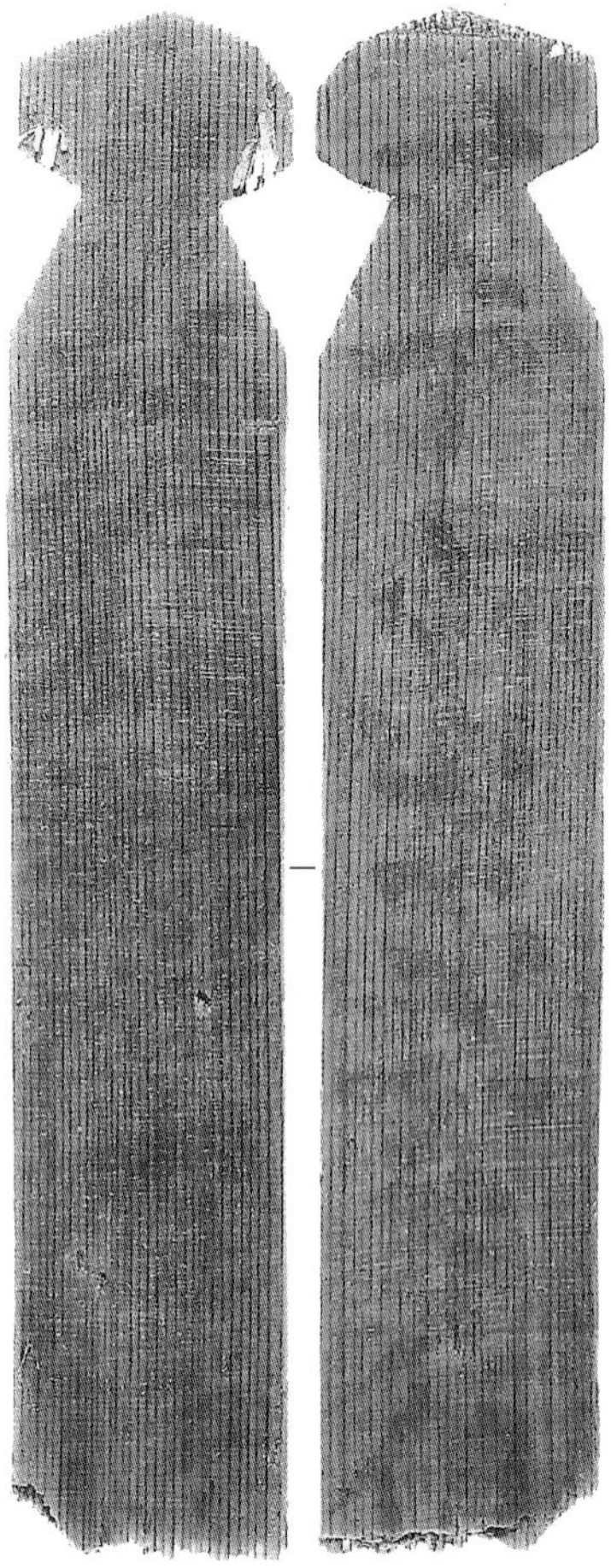
143-12

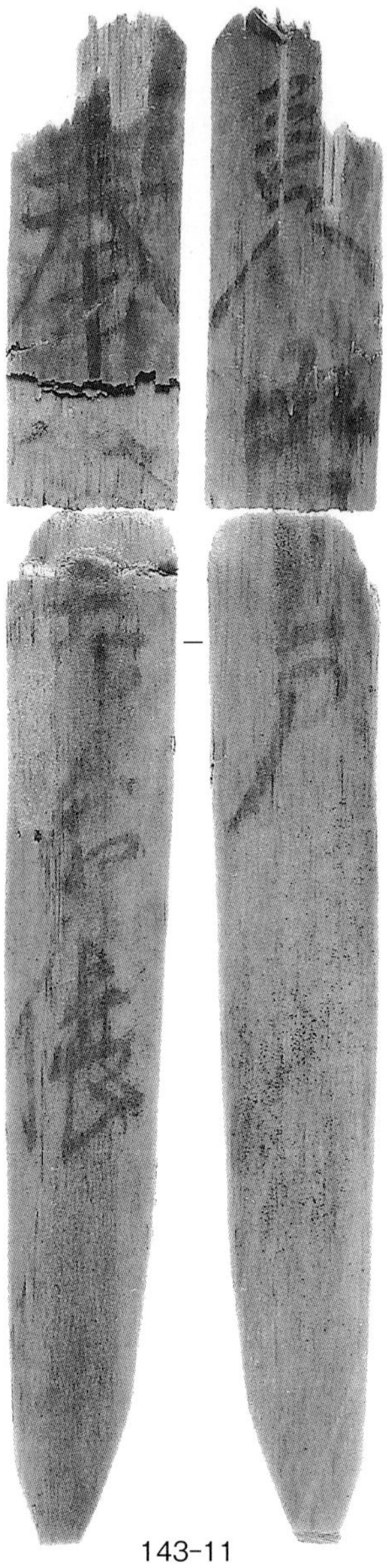
143-11

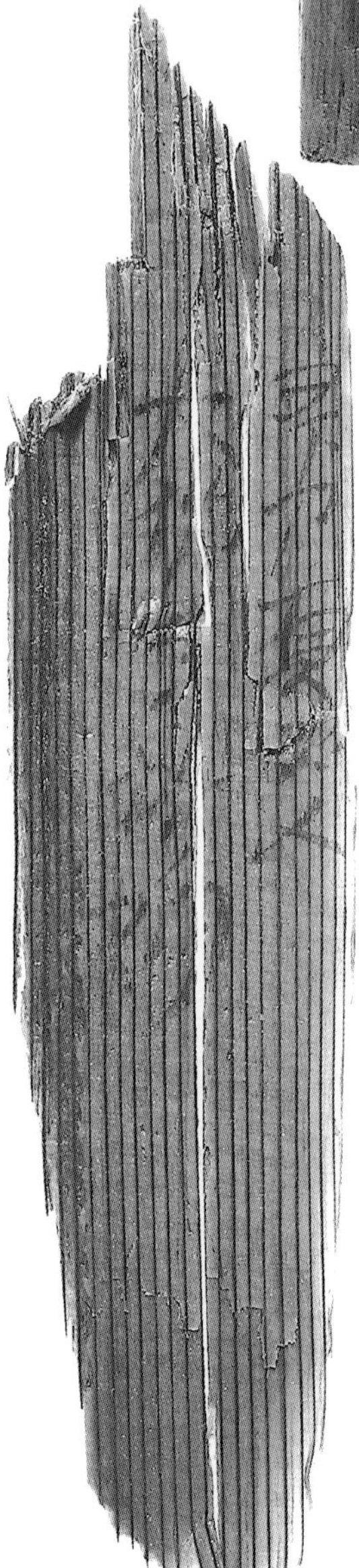
143-20

143-18

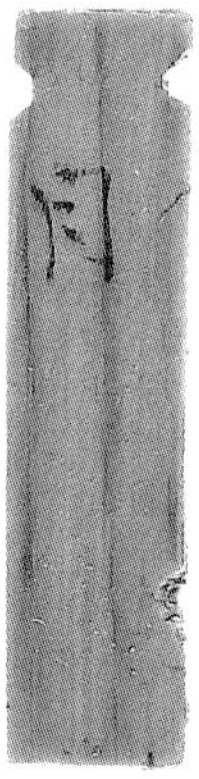
143-17

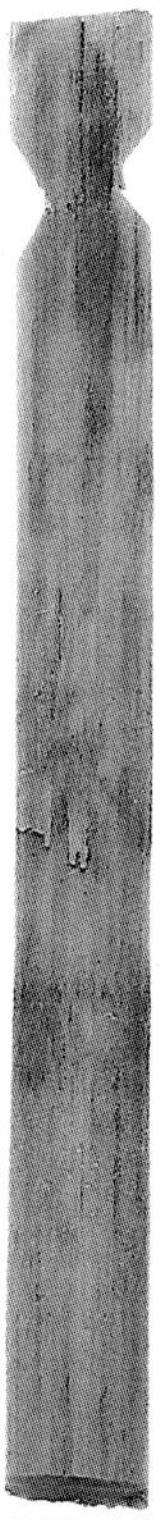
143-16

143-15

143-21

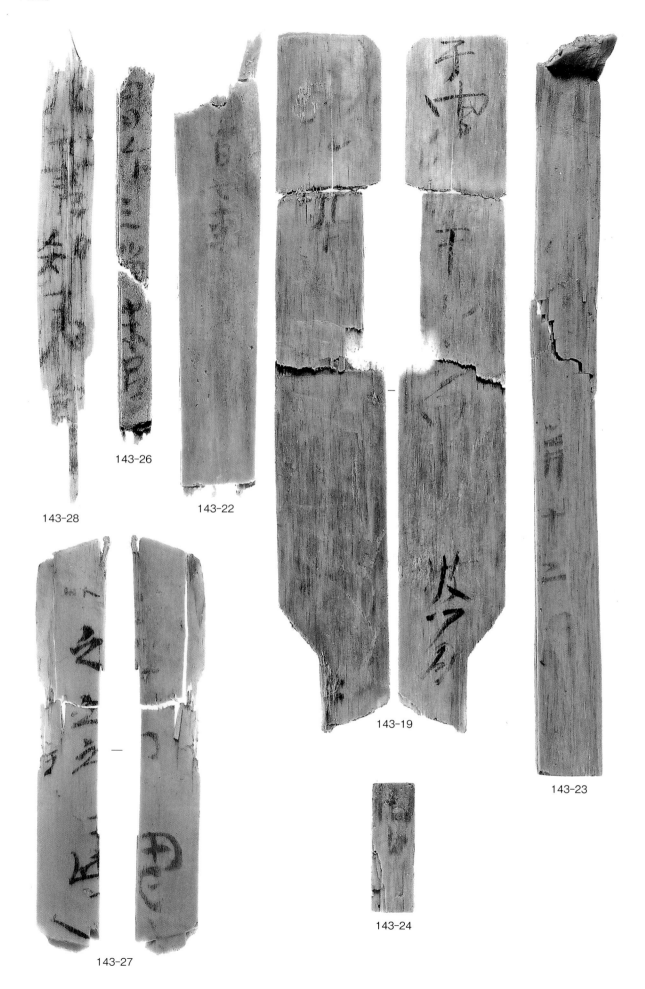

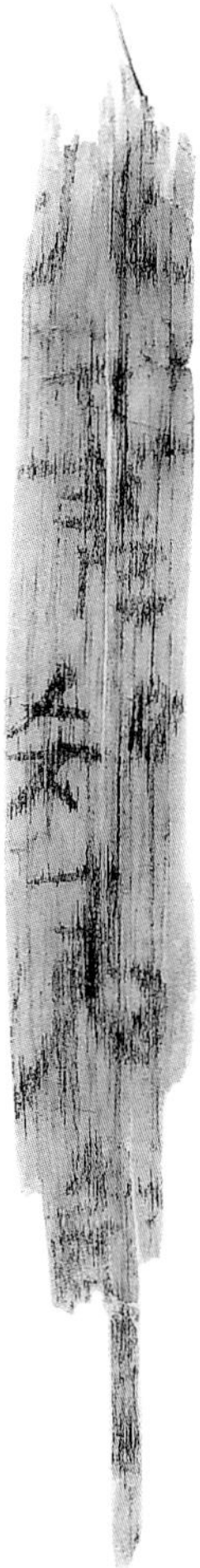

143-28

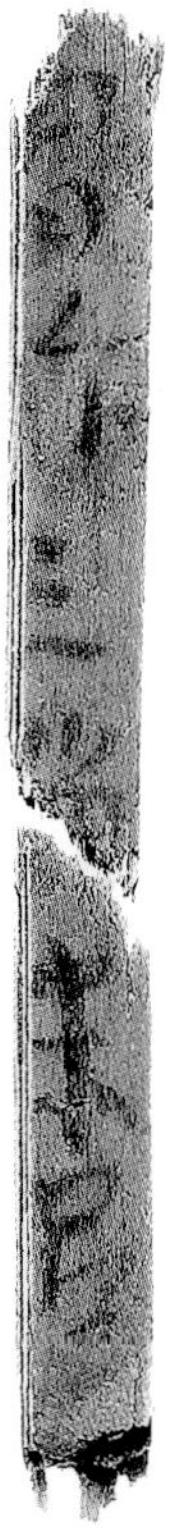

143-26

143-22

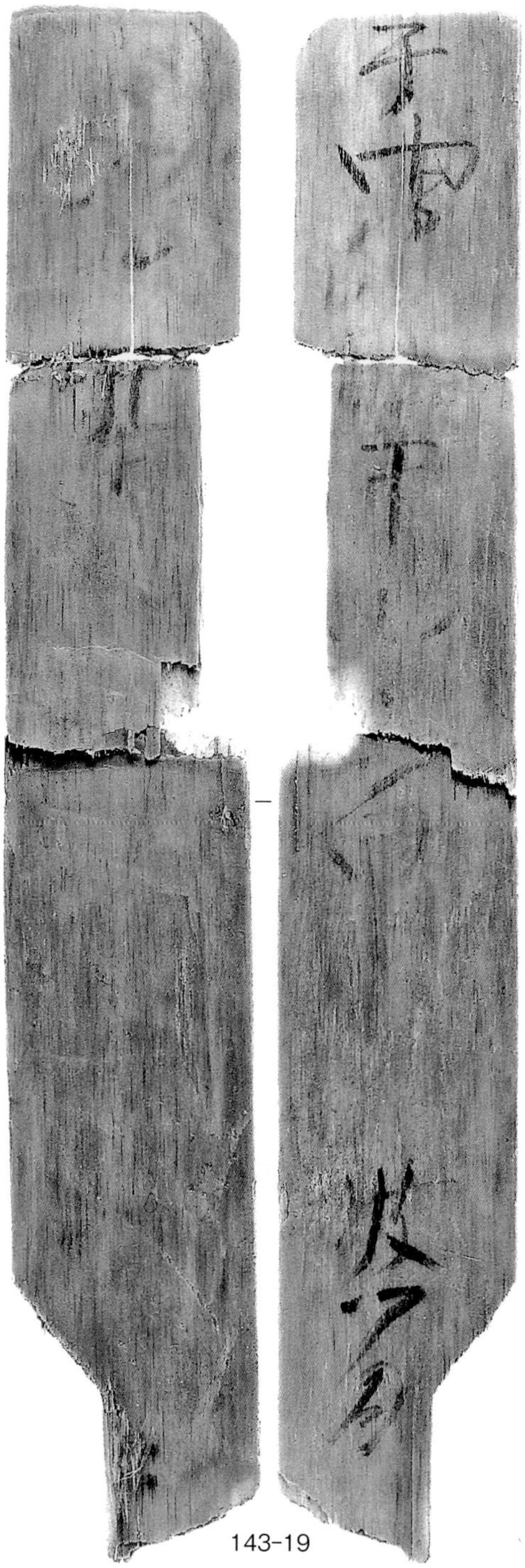

143-19

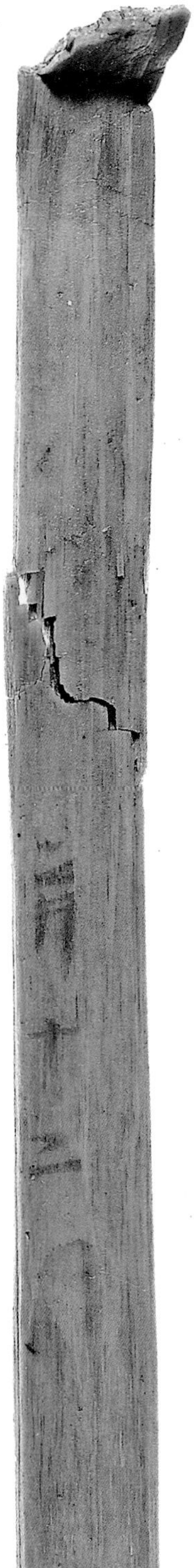

143-23

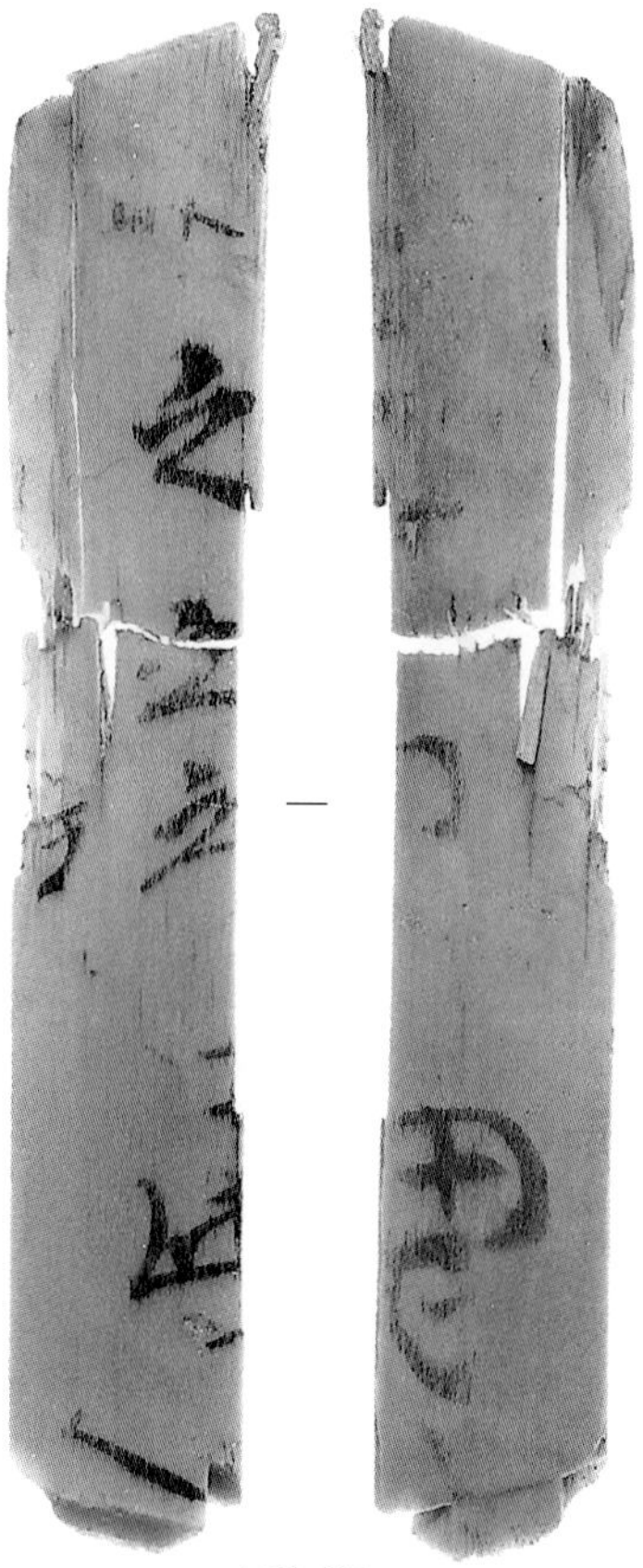

143-27

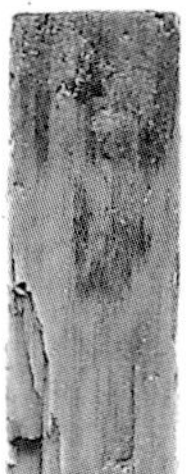

143-24

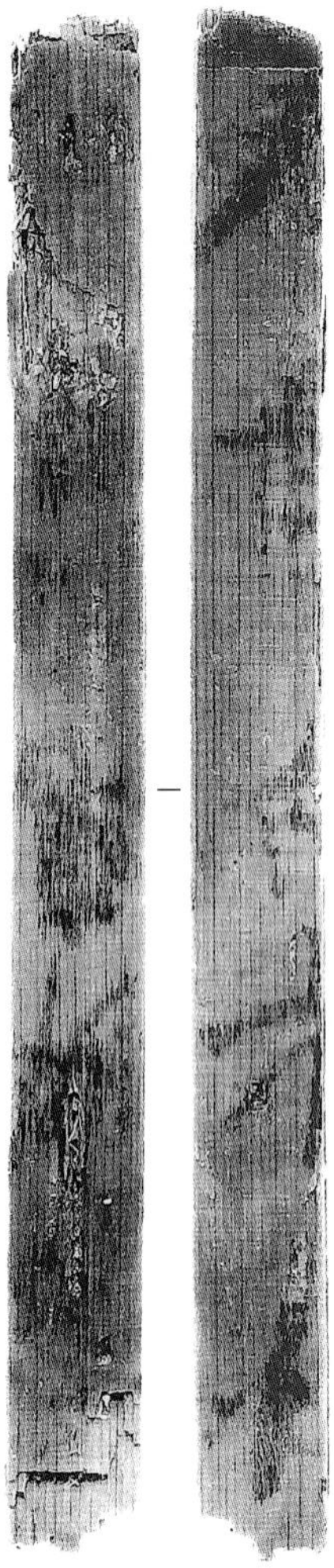

145-5

(赤外)

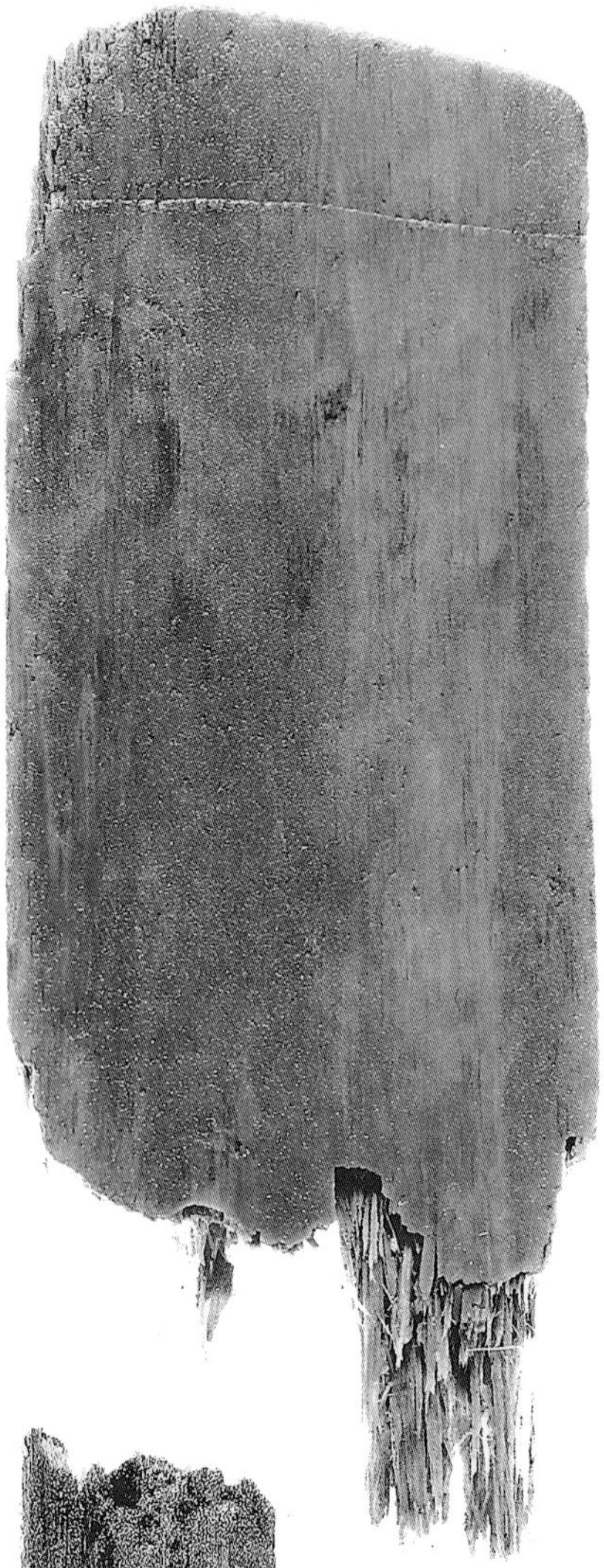

143-25

145-4

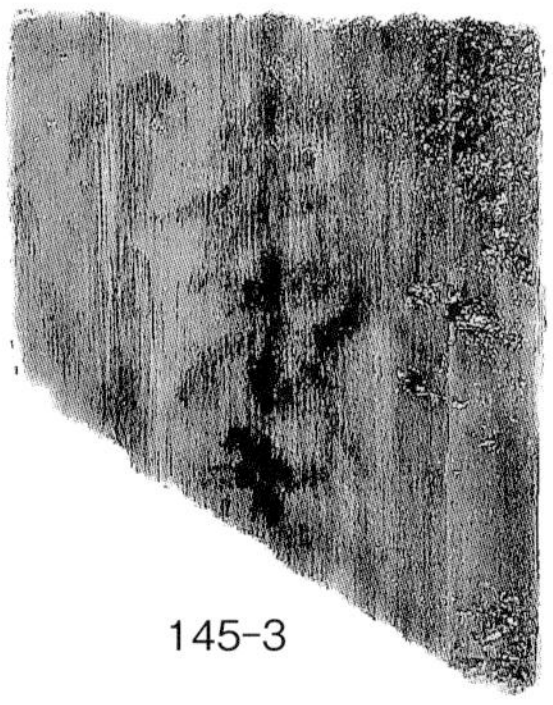

145-3

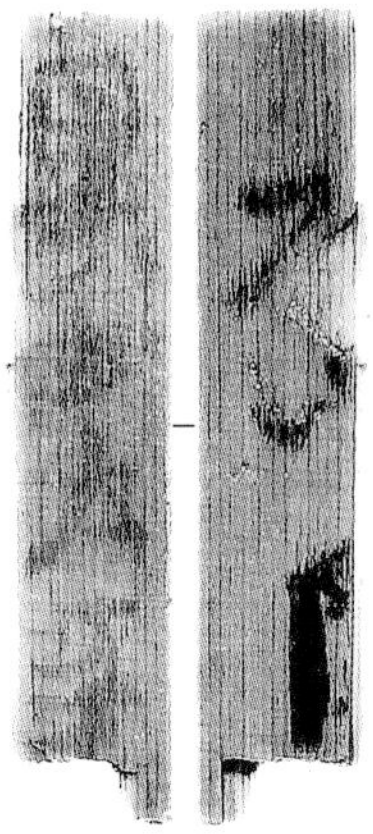

145-1

145-2

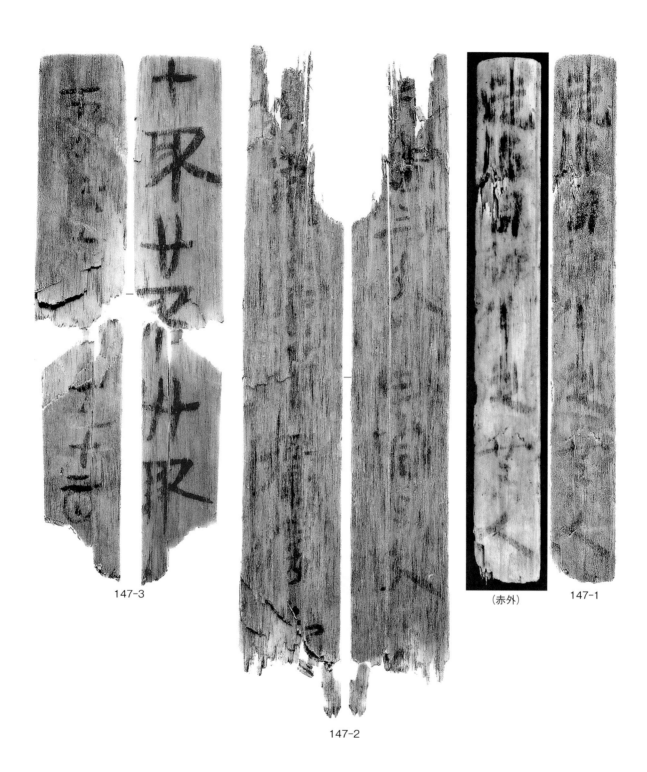

147-3

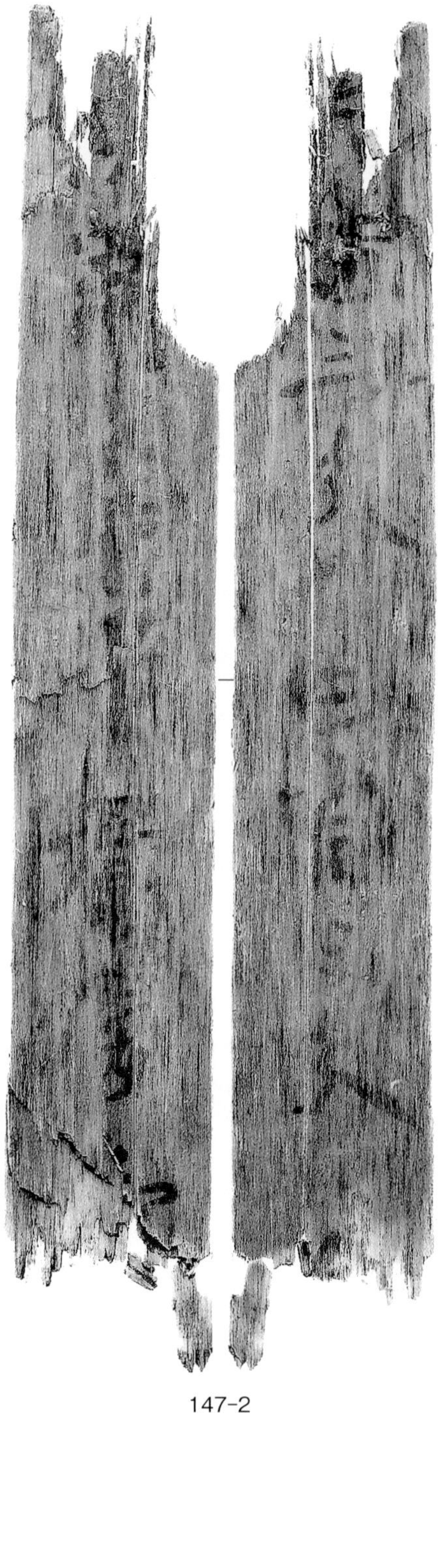

147-2

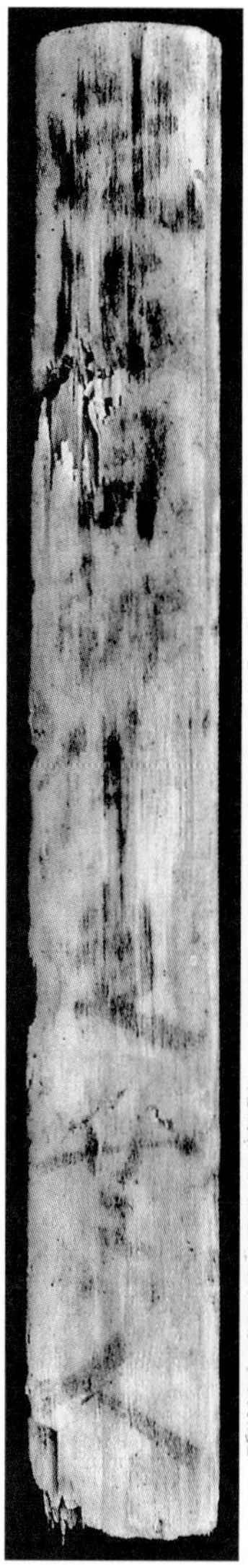

（赤外）

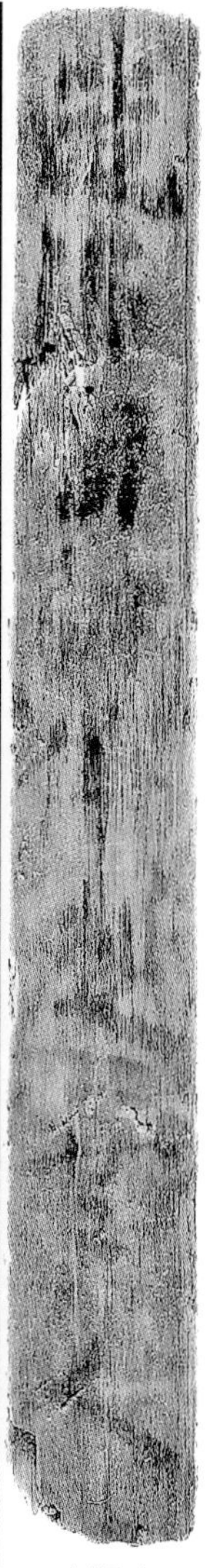

147-1

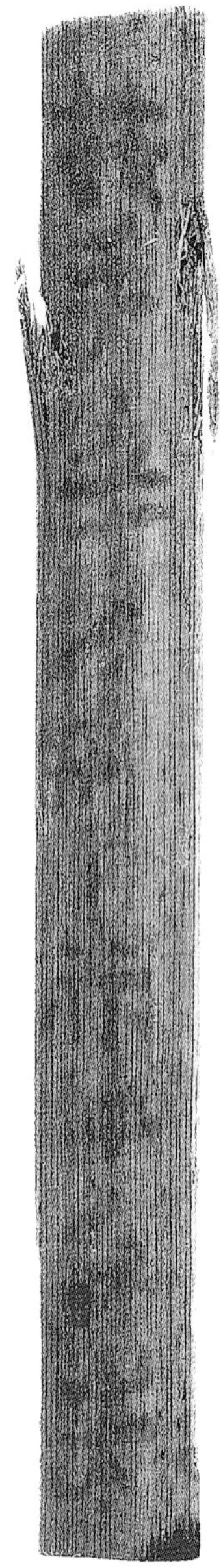

147-7

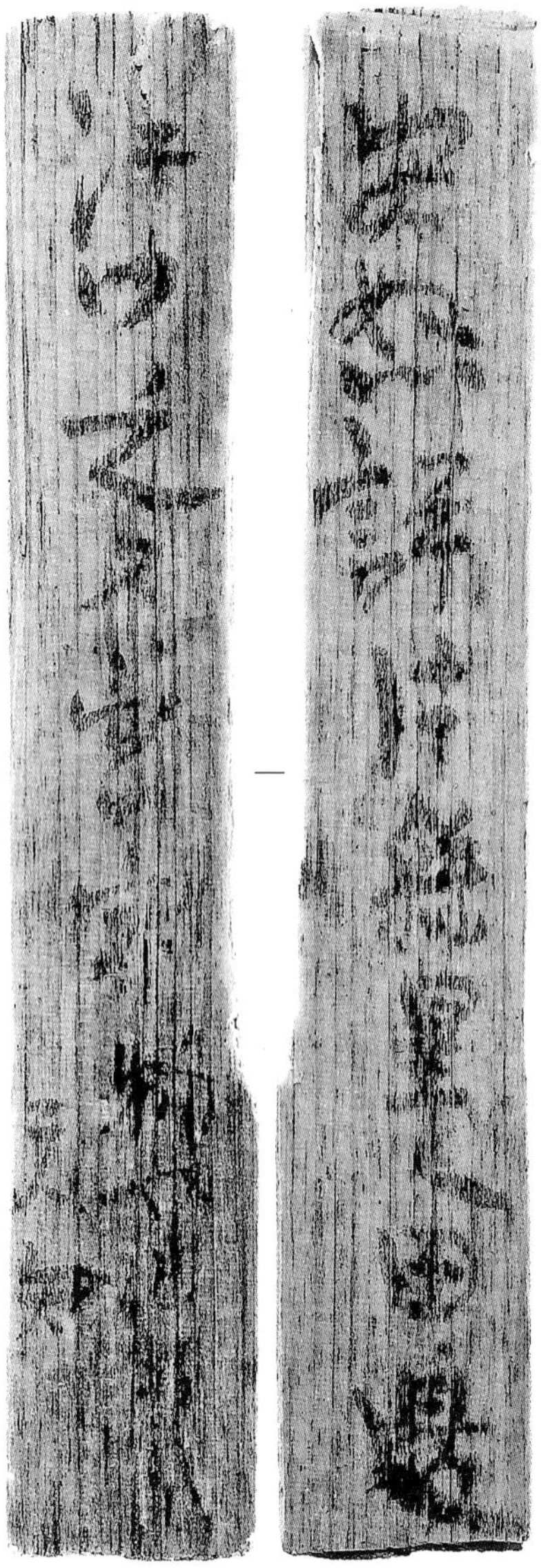

147-5

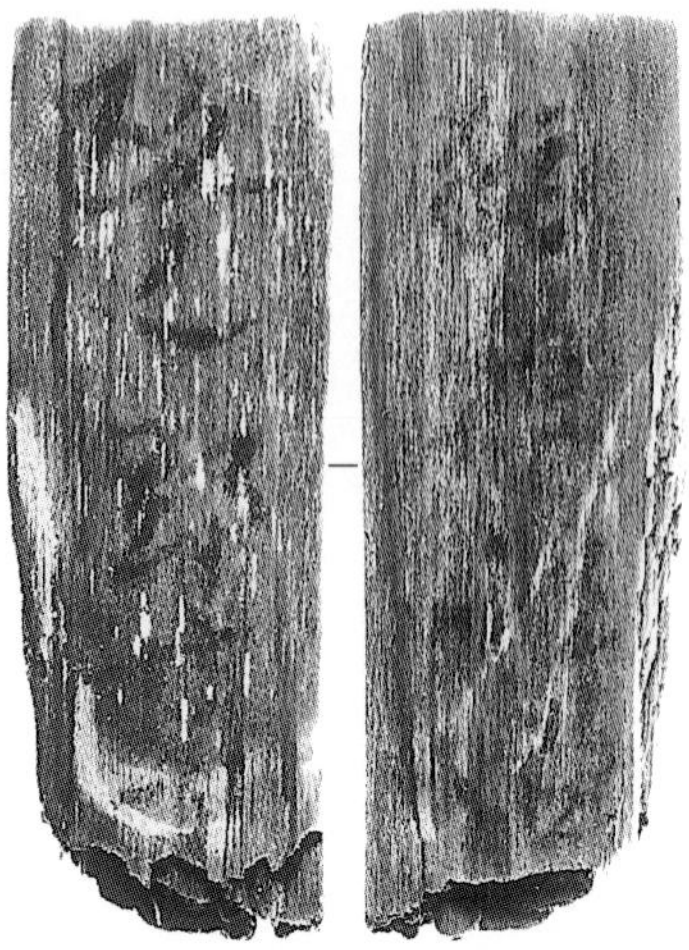

147-4

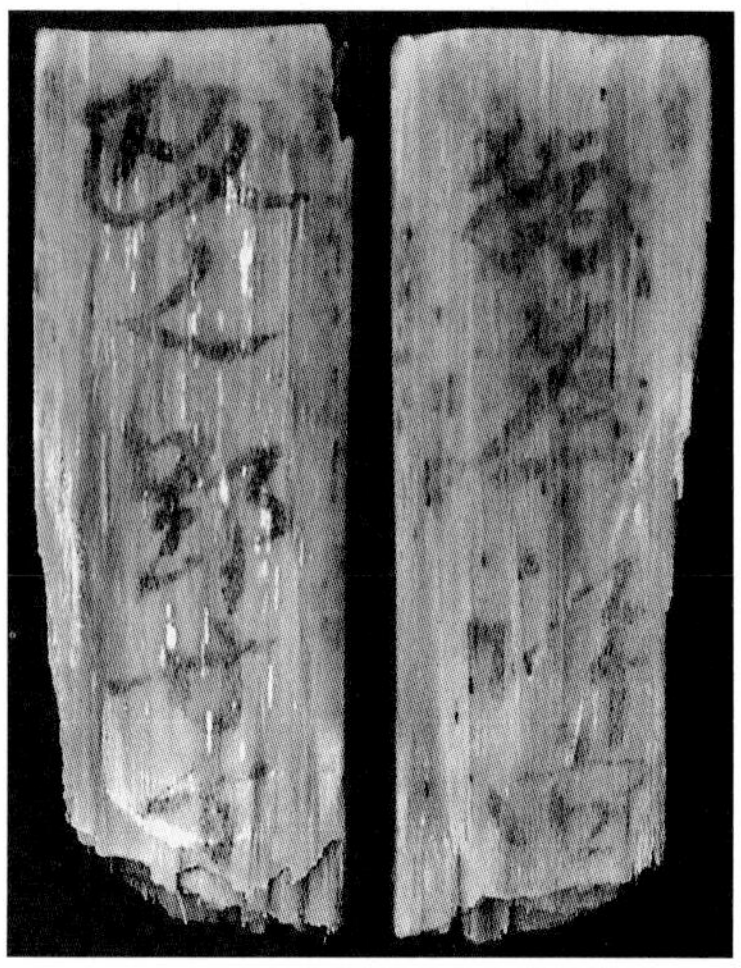

（赤外）

（赤外）

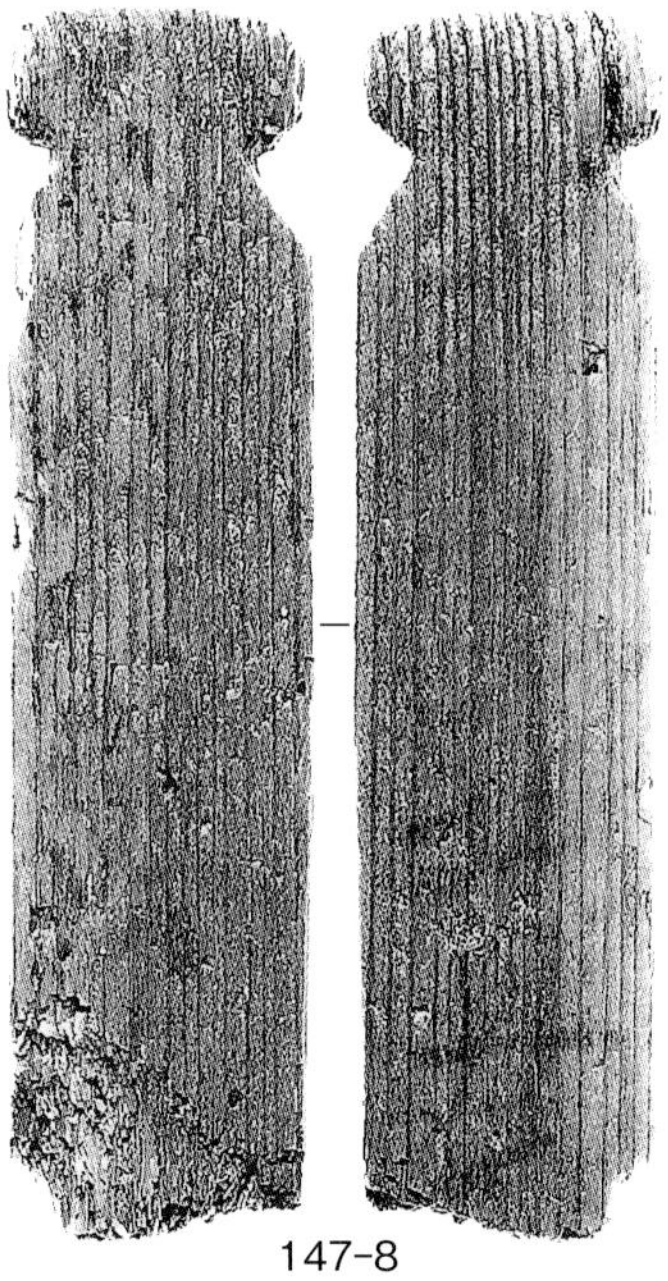

147-8

147-11

147-9

（赤外）

147-6

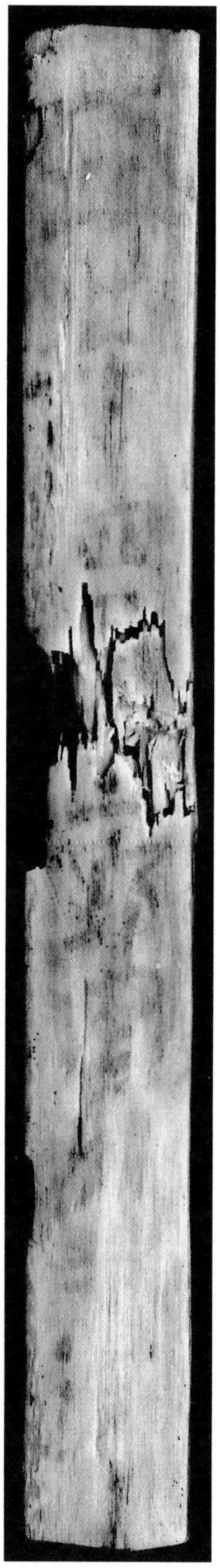

（赤外）

147-14

147-12

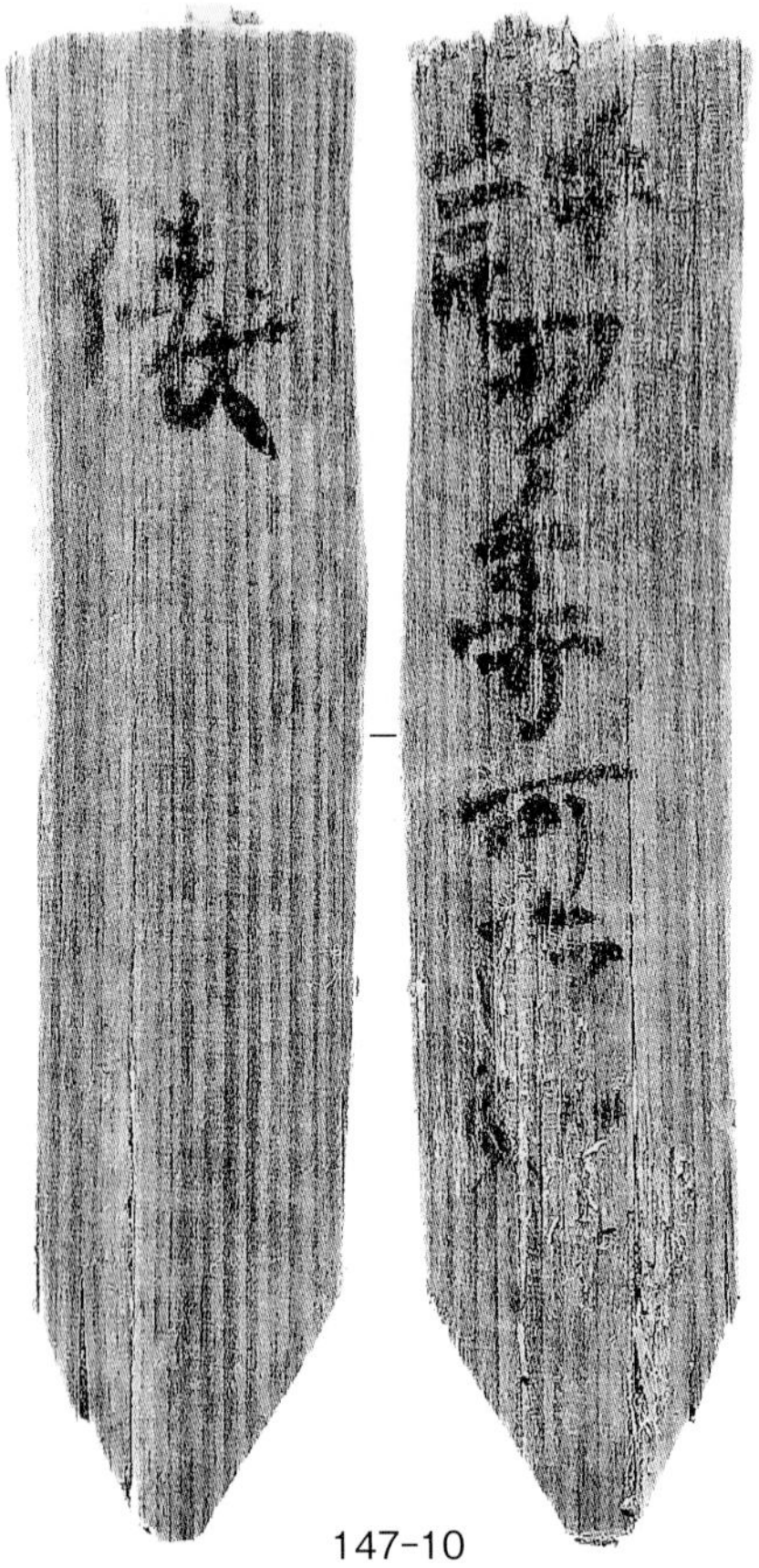

147-10

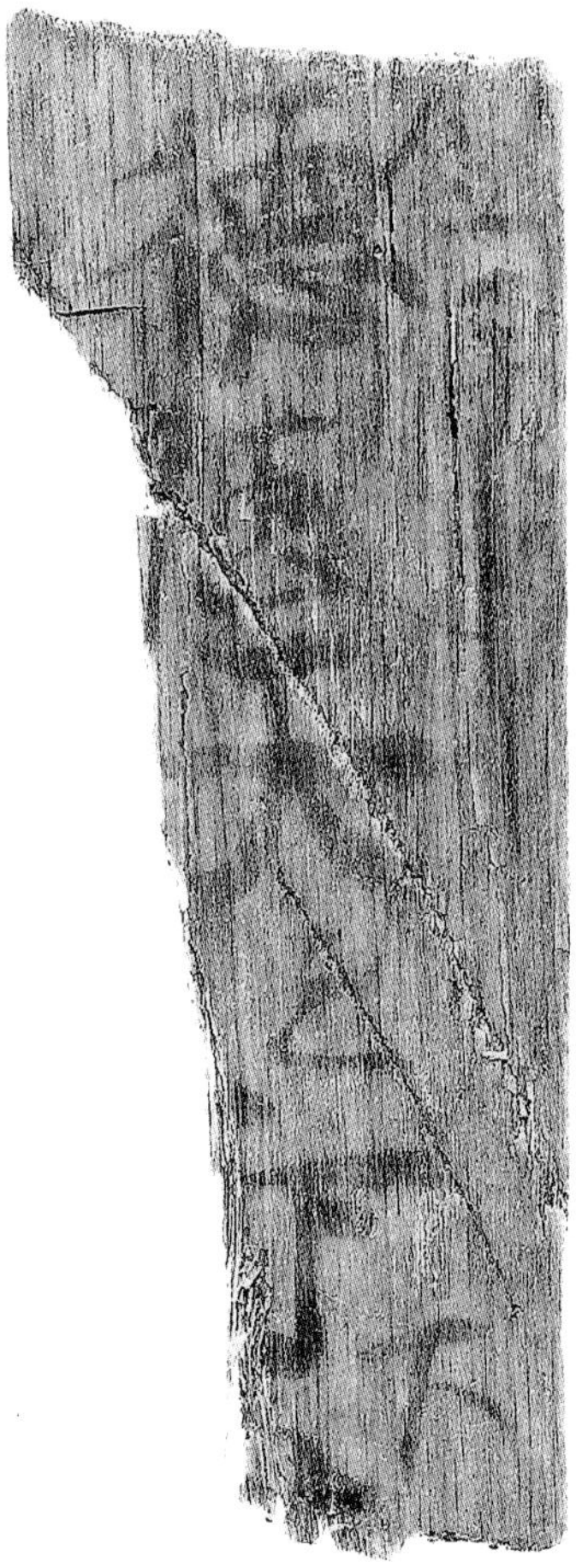

147-15

147-13

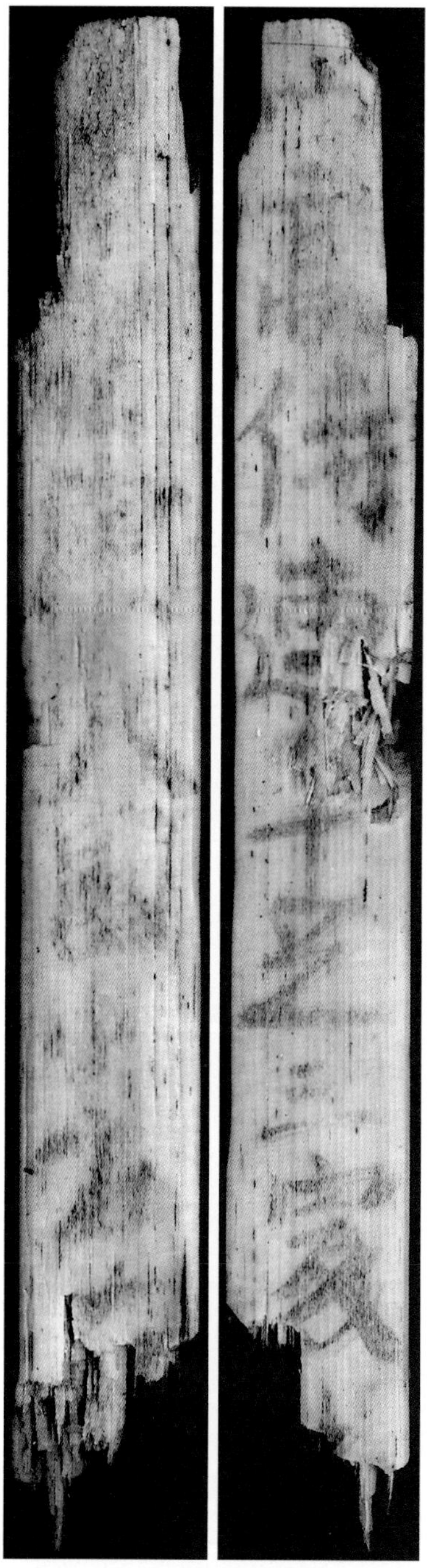

（赤外）

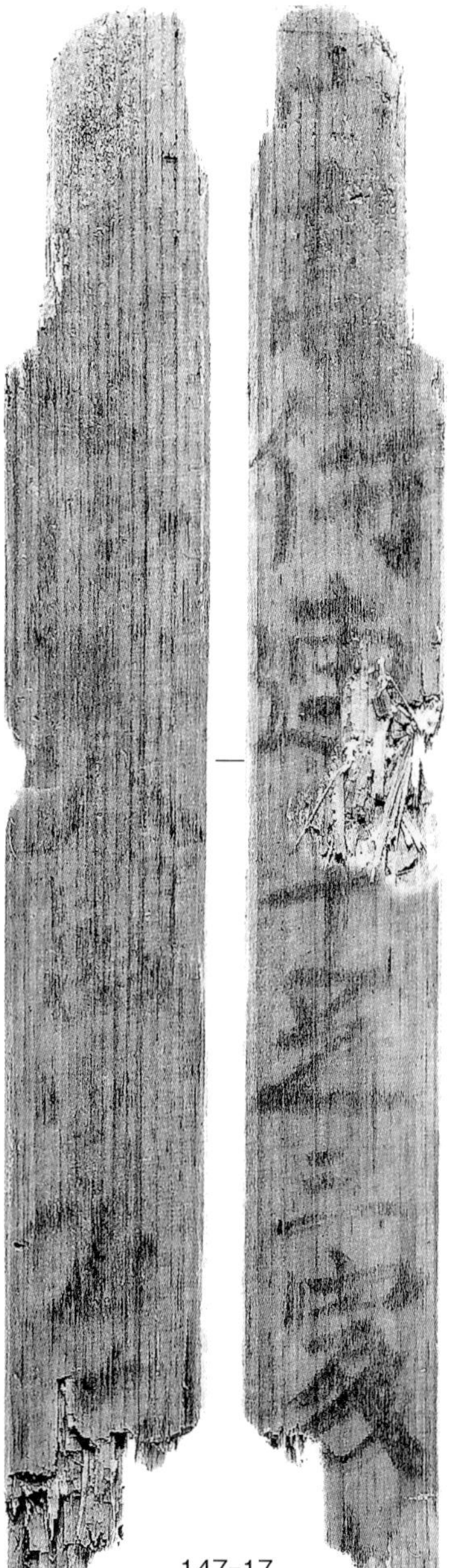

147-17

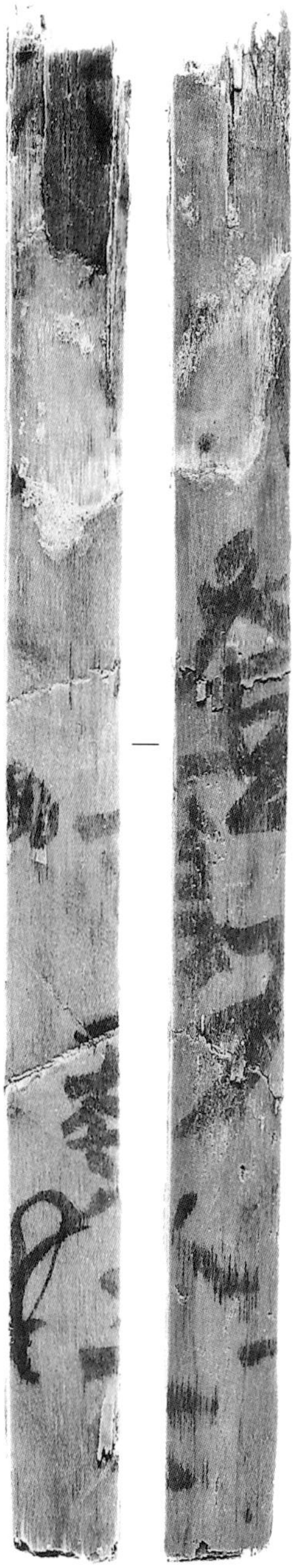

147-16

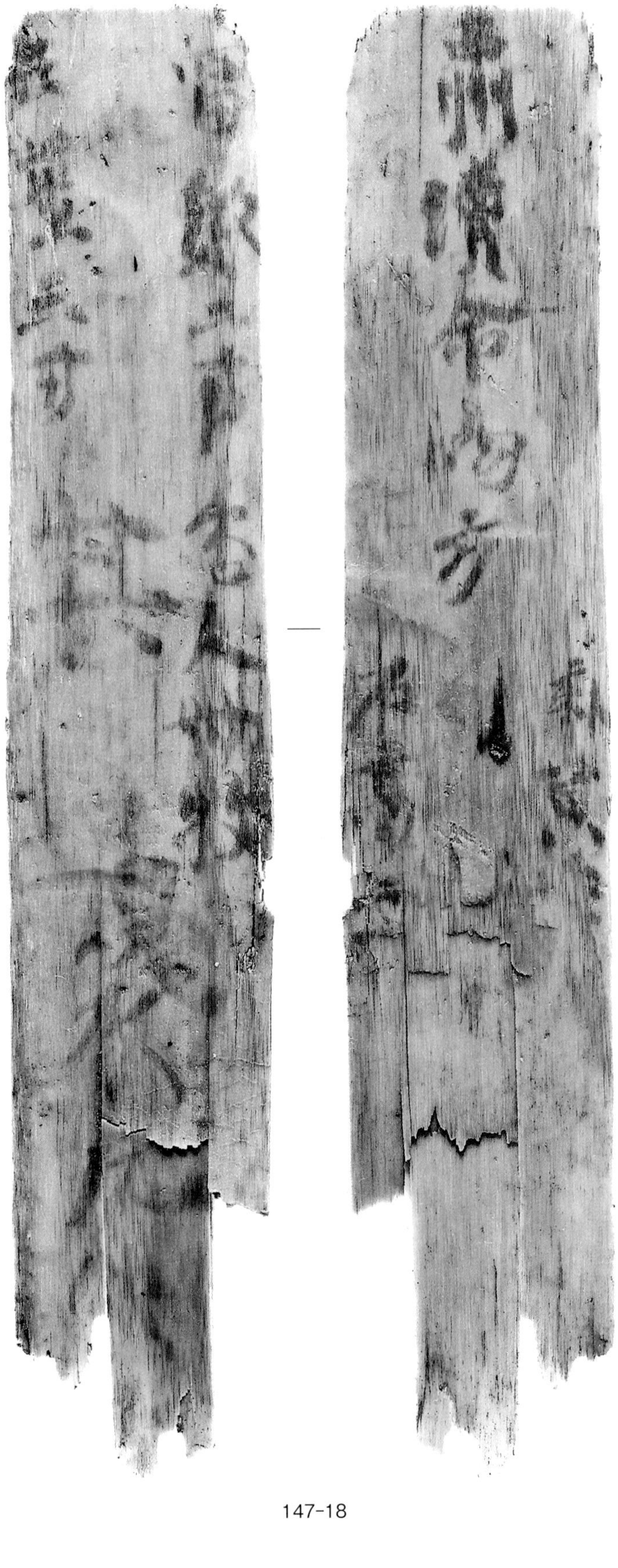

147-18

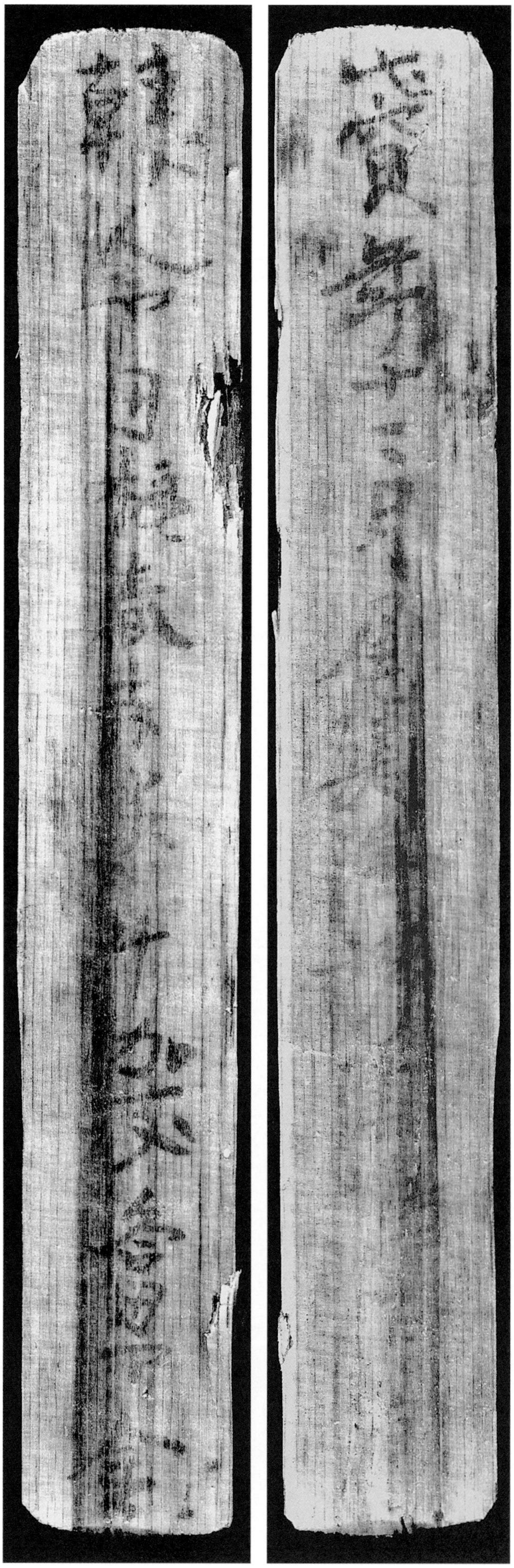

（赤外）

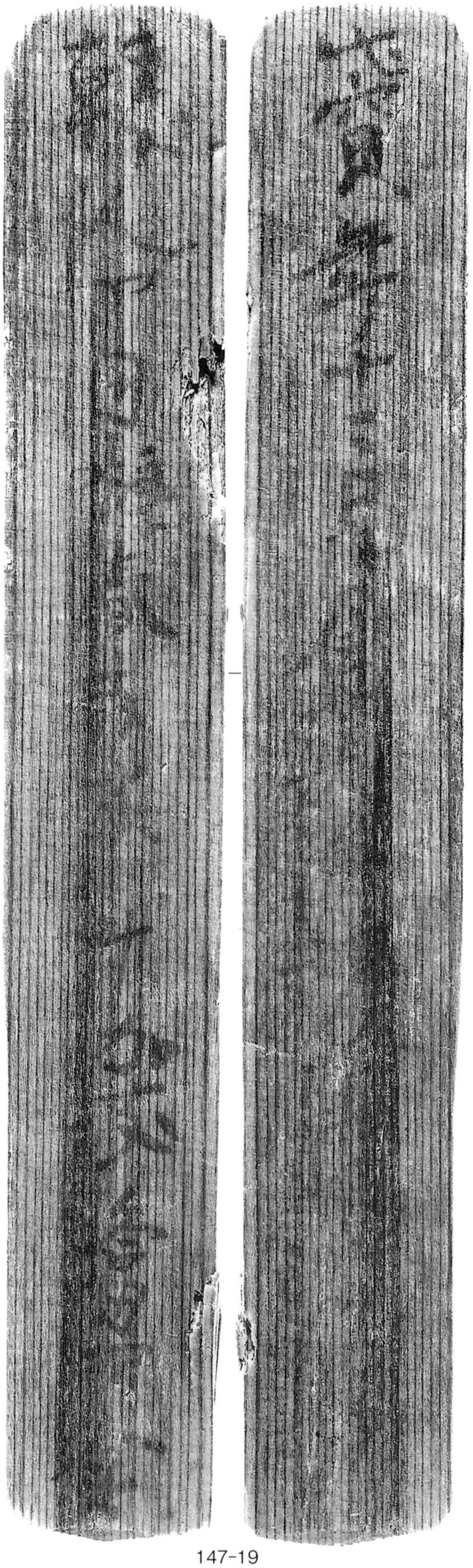

147-19

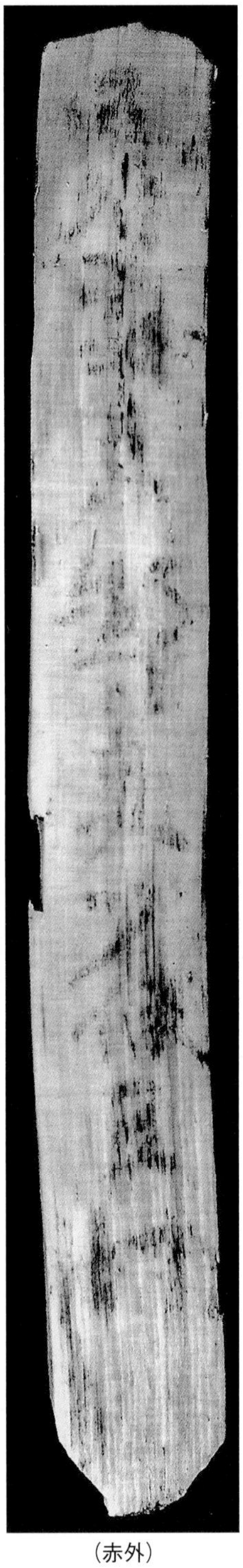

（赤外）

147-21

147-20

147-24

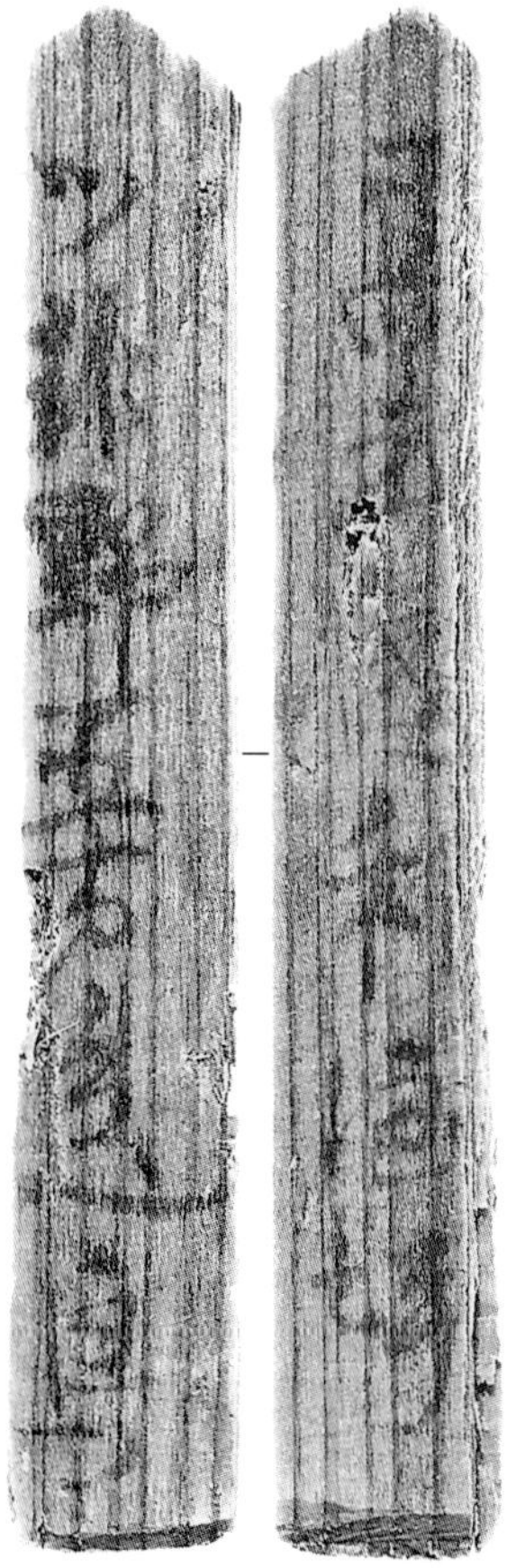

147-23

147-22

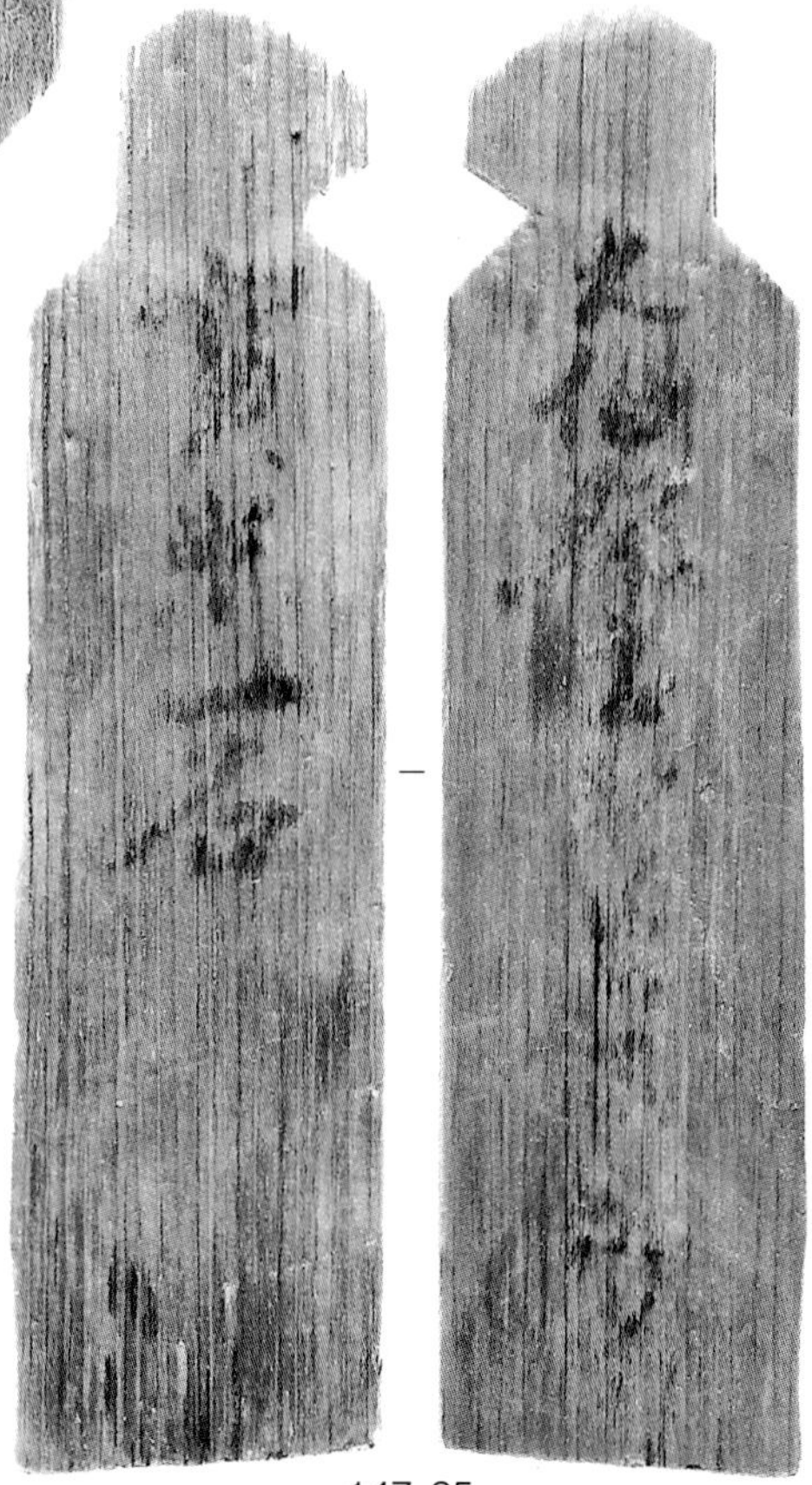

147-25

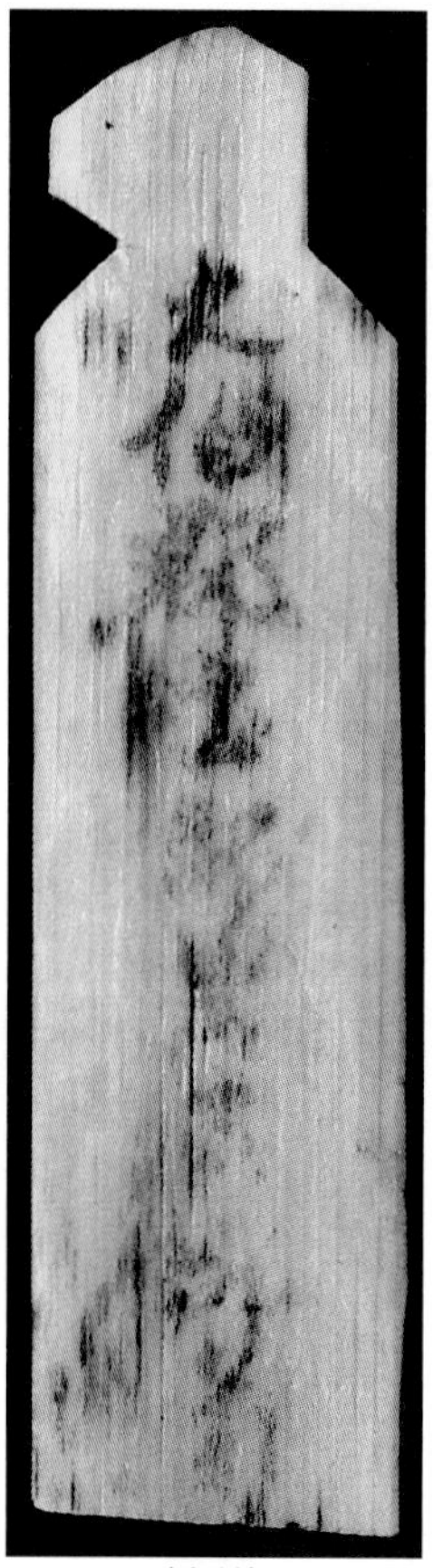

（赤外）

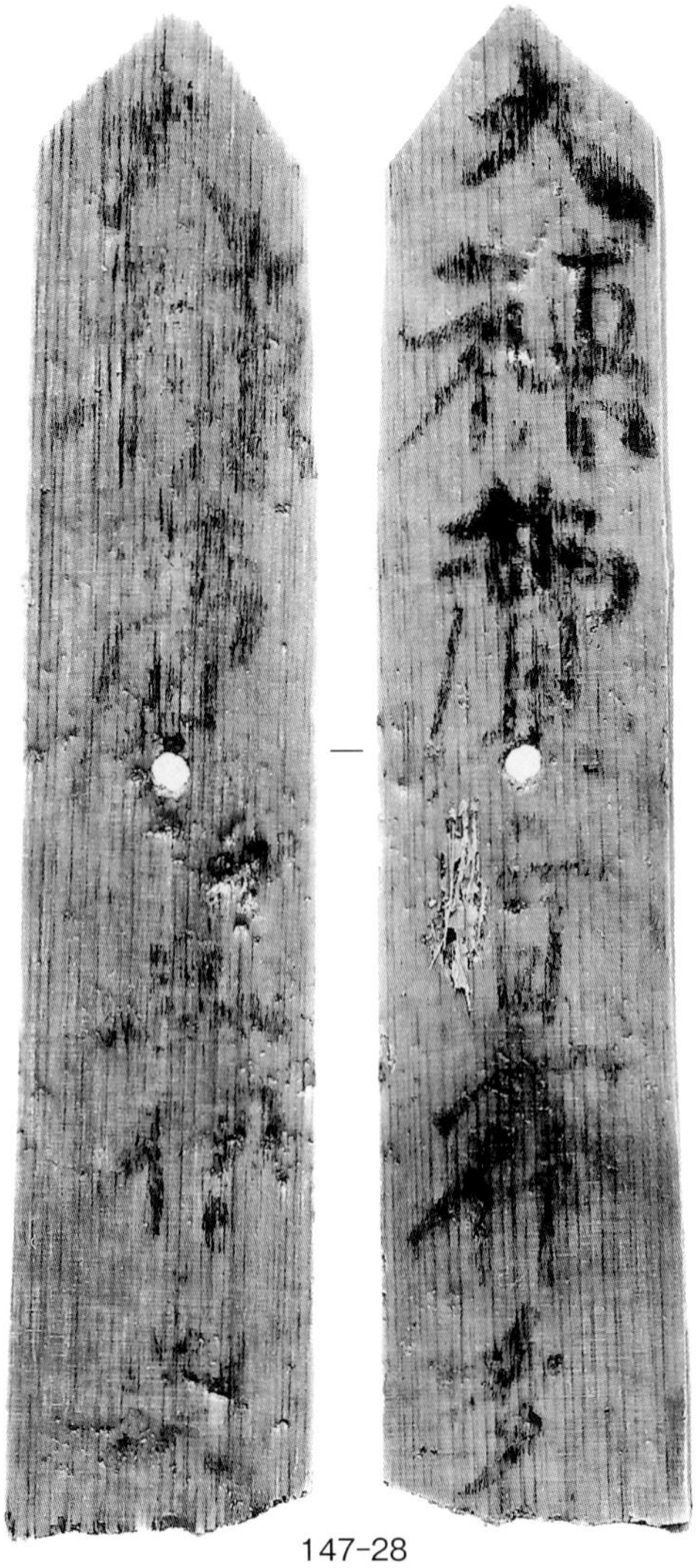

147-28

147-27

147-26

報告書抄録

ふりがな	あすかきゅうせきしゅつどもっかん
書名	飛鳥宮跡出土木簡
副書名	（なし）
シリーズ名	奈良県文化財調査報告書
シリーズ番号	第 182 集
編著者名	鶴見泰寿（編集）・林部均
編集機関	奈良県立橿原考古学研究所
所在地	〒 634-0065　奈良県橿原市畝傍町 1 番地　TEL. 0744-24-1101㈹
発行年月日	平成 31 年（2019）3 月 22 日

収録遺跡《ふりがな》	所在地《ふりがな》	コード		北緯	東経	調査期間	調査面積	調査原因
		市町村	遺跡番号	° ′ ″	° ′ ″			
史跡《しせき》 飛鳥宮跡《あすかきゅうせき》、 史跡《しせき》・名勝《めいしょう》 飛鳥京跡苑池《あすかきょうあとえんち》	奈良県《ならけん》 高市郡《たかいちぐん》 明日香村《あすかむら》 岡《おか》・飛鳥《あすか》	29402	14D-0037 （飛鳥宮跡）、 14D-0038 （飛鳥京跡 苑池）	34° 28′	135° 49′	第10次 昭和41年7月～9月	第10次 —㎡	学術調査・ 範囲確認・ 建物建設
						第28次 昭和46年7月～ 昭和47年5月	第28次 —㎡	
						第51次 昭和51年1月～4月	第51次 530㎡	
						第104次 昭和60年3月	第104次 16㎡	
						第111次 昭和61年7月～9月	第111次 24㎡	
						第129次 1993年1月～3月	第129次 600㎡	
						第131次 1995年2月～5月	第131次 600㎡	
						第143次 平成12年11月～ 平成13年4月	第143次 970㎡	
						第145次 平成13年5月～8月	第145次 517㎡	
						第147次 平成13年11月～ 平成14年2月	第147次 437㎡	

所収遺跡	種別	主な時代	主な遺構	主な遺物	特記事項
史跡《しせき》 飛鳥宮跡《あすかきゅうせき》、 史跡《しせき》・名勝《めいしょう》 飛鳥京跡苑池《あすかきょうあとえんち》	都城跡 （宮殿跡）	飛鳥時代	一本柱廊状遺構、 掘立柱建物、 井戸（飛鳥宮跡） 苑池（飛鳥京跡苑池）	木簡、土師器、須恵器、 硯、砥石、丸瓦ほか （飛鳥宮跡） 石造物、木簡、土師器、 須恵器 （飛鳥京跡苑池）	飛鳥時代の宮殿遺構から出土した木簡の釈文と写真を収録。

飛鳥宮跡出土木簡

二〇一九年（令和元）六月一日　第一刷発行

編　著　奈《な》良《ら》県《けん》立《りつ》橿原《かしはら》考《こう》古《こ》学《がく》研《けん》究《きゅう》所《じょ》

発行者　吉　川　道　郎

発行所　株式会社　吉川弘文館
郵便番号一一三―〇〇三三
東京都文京区本郷七丁目二番八号
電話〇三―三八一三―九一五一〈代〉
振替口座〇〇一〇〇―五―二四四番
http://www.yoshikawa-k.co.jp/

組版＝橋本印刷株式会社
印刷・製本＝株式会社 平文社
装幀＝右澤康之

Printed in Japan

ISBN978-4-642-09353-8